漫话铁道工程建设

安鸿逵 等　编著

中国铁道出版社

2018年·北　京

内容简介

本书是几位长期从事铁道工程的技术工作者根据自己的工程经历写成的科学普及著作。内容涉及桥梁、隧道和地下铁道、站场、建厂等方面。作者用讲故事的方式将早年的工程技术与当前相应的现代技术方法加以对比,衬托出铁道科学技术日新月异的发展。书中含有大量绘制的插图与照片,用以达到图文并茂的目的。书里的文字深入浅出,明确易懂,其中穿插的一些轶事更是趣味隽永,具有相当强的可读性。

本书适合高中以上文化程度的读者和非铁道工程专业的读者和铁路爱好者读取,铁道工程专业的读者看了本书也会体会会到其中的阅读乐趣。

图书在版编目(CIP)数据

漫话铁道工程建设/安鸿逵等编著.—北京:中国铁道出版社,2018.6
ISBN 978-7-113-24592-4

Ⅰ.①漫… Ⅱ.①安… Ⅲ.①铁路工程—普及读物
Ⅳ.①U2-49

中国版本图书馆 CIP 数据核字(2018)第 123299 号

书　　名: 漫话铁道工程建设
作　　者: 安鸿逵　等

责任编辑: 郭　静　许士杰　　**编辑部电话:** (010)51873204　　**电子邮箱:** syxu99@163.com
封面设计: 崔丽芳
责任印制: 赵星辰

出版发行: 中国铁道出版社(100054,北京市西城区右安门西街 8 号)
网　　址: http://www.tdpress.com
印　　刷: 中煤(北京)印务有限公司
版　　次: 2018 年 8 月第 1 版　2018 年 8 月第 1 次印刷
开　　本: 720 mm×1 000 mm　1/16　印张:13.25　字数:260 千
书　　号: ISBN 978-7-113-24592-4
定　　价: 49.00 元

前 言

时光荏苒，几十年匆匆逝去。回忆我在贵昆铁路、成昆铁路参加施工技术工作时就像昨天一样，转瞬间由二十多岁的少年已成耄耋老人。回忆我于 1962 年工作，之后一年多便特招入伍（当时叫调干参军），1966 年之前在贵昆铁路参加施工技术工作；1966 至 1969 年在成昆铁路；1969 至 1973 年在襄渝铁路；1973 至 1975 年由借调到正式调入研究单位，期间与之后曾在沙通、太岚、罕东等铁路参加桥梁的施工和施工研究工作；1985 年调入中国铁道出版社从事铁道科技图书的编辑出版工作，2000 年退休后还做了十多年的图书和期刊的审读、编辑工作。

总之，工作几十年，其工作内容没有离开过铁道工程。于是想把技术上一些经历写出来。可是，写什么，拿什么写？没有从事过像天兴洲大桥、秦岭隧道等等知名的大型工程，也没有参加过某一专题的研究，加上知识老化无法写出可资借鉴的科学技术论文，比较之下决定写一部科普作品。科普作品的写作并不容易，这与学术专著、应用科学作品的写作从难度上各有千秋。

好在，对于科普作品并不陌生，既写过读过，也编辑策划过这种作品。可是，下一个问题是用什么素材来写。本来，在工程施工现场规定，技术人员每天每工班必须填写“工程日志“，施工图要保存，工程竣工后要作总结，但早年执行并不严格，仅存的一些资料在转场时或散失，或付之丙丁，几乎荡然无存。后来，我采取三个途径解决。一是，寻找当年发表的文章，从中撷取可用的插图和内容；二是，合作者提供的素材；三是，向同事朋友求助。

以“漫话桥墩和桥墩施工”部分为例，部分插图和照片来自我当年发表的文章；部分插图和内容由合作者王磊先生提供，朝河关 1 号和 2 号大桥的照片则是一起去古北口拍摄的；襄渝铁路文革大桥的照片是铁道总公司的洪学英女士委托成都铁路局的有关人士拍摄的。

“渤海之滨的璀璨明珠”和“铁路隧道盾构施工管窥”的两部分大部照片、插图、内容来自张凤龙先生，他曾邀我三次去施工现场观摩，之后共同执笔写成。

“唐山铁路工厂建设生产话今昔”凝聚了金涵森先生的半生心血，他以病弱之躯搜寻资料，并邀我四次赴中车唐山轨道客车有限责任公司观摩拍照，共同执笔写成这一部分。他还为“隧道施工测量话今昔”部分提供一些线索。为了介绍铁路工厂在唐山大地震前后的情况，本人还曾两次参观唐山地震博物馆。

有关隧道测量的两部分，承蒙西南交通大学刘成龙教授逐字逐句审核并提出修改意见，他还邀我去他的测量仪器室参观拍照，一些新的仪器还作了演示。

由此观之，本人忝为主编，实则本书是多人合作的结果。

以上说的素材逐部分地备齐后，真正动笔才发现困难还不少。首先是电脑打字，如我这样的垂垂老者使用五笔法输入不现实，经比较还是选用智能双拼，慢慢敲，问题不大；其次是照片，用“美图秀秀”软件剪裁美化，问题也不大；困难的是绘制插图，不会使用画图软件，无法在电脑上绘制，只得找出几十年前用的鸭嘴笔、圆规、直尺、绘图墨水等(幸亏还保留着)画各种粗细线条，然后把需要的汉字、数字在电脑打印出来，贴在图上，最后扫描美化而成。后来发现在美图秀秀上可以填入文字省去不少事，然而表示变量的斜体字母还需要打印粘贴。这样，一张图需要半天到一天的时间。所以，绘制图较多的部分花费时间精力就更多。

自 1985 年从事编辑出版工作以来，给各个单位的作者当责任编辑，出版过许多品种的科技图书。其中也不乏出色之作，如《桥梁结构稳定与振动》一书曾在 1997 年全国第七届优秀科技图书评选中获一等奖；《桥梁漫笔》一书曾获曾获 2000 年全国优秀科普著作奖。这一次总算是体会到作者的艰辛。

参与本书编写的还有王磊、、张凤龙、金涵淼等，所有文字叙述都曾由陈德明先生审核并润色，在此一并致谢。

在本书编写过程中，得到学兄李凤岭教授及我的家人的鼓励和支持，特表由衷的谢意。

最后以一名老铁路技术工作者的身份，向奋战在铁路勘测设计和施工现场的铁路工作者致以由衷的敬意。

安鸿逵

2018 年 4 月于海南琼海美岭湖畔

目 录

第一部分　漫话桥墩和桥墩施工

（笔者参加施工的京通铁路朝河关 1 号大桥 4～6 号墩）

人生一征途耳，其长百年，我已走过十之七八。回首前尘，历历在目，崎岖多于平坦，忽深谷，忽洪涛，幸赖桥梁以渡．桥何名欤？曰奋斗。

——茅以升（已故中国科学院院士，著名桥梁工程专家、教育家）

襄渝铁路，自湖北襄樊经由十堰，陕西安康、紫阳，四川万源、达县（今达州市），通往四川重庆（今重庆市）。1968 年 4 月开工，1973 年 10 月铺轨通车，历时五年半。线路过十堰后，溯汉江西行进入陕西境内，穿越武当山、大巴山至四川境内，线路折向西南，沿华蓥山脉，跨渠江支流洲河、嘉陵江等到达重庆。线路全长 915.6 公里，其中，桥梁总延长 113.2 公里，占线路总长的 12.4％；隧道总延长 118.3 公里，占线路总长的 12.9％。桥隧合计占 25.3％。所以，沿线时常出现桥隧相连的情况，其艰险程度不亚于成昆铁路。

渠江系由洲河、巴河两条支流交汇形成，其交汇处是一座叫做“三汇”的小镇，小镇建筑古朴，极富乡土气息，号称“小重庆”，是四川十大名镇之一。三汇镇镇北有巴河、镇东有洲河交汇于镇前流入渠江，故名三汇镇。此处三河交汇，江面开阔，水流平缓，时有欸乃小舟穿行两岸间，景色宜人，仿佛世外桃源，富有旅游资源。

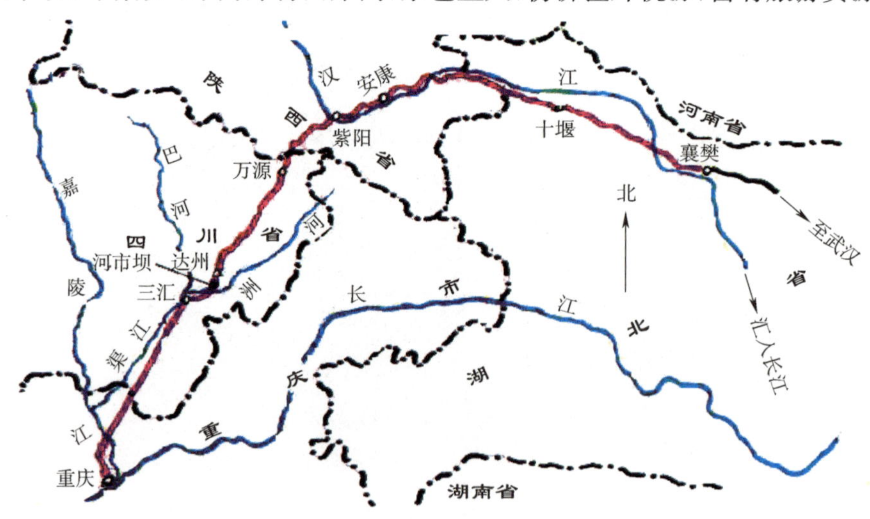

襄渝铁路走向示意图（图中可见三汇镇地理位置）

笔者于 1969 年 6 月告别成昆铁路，来到三汇镇参加襄渝铁路建设，在那里进行一座铁路工厂的厂区总图的测量工作。1971 年春风徐吹时转到达县城与河市坝之间的桥梁工地，接手“文革大桥”的施工技术工作。

石砌桥墩和混凝土空心桥墩的施工

铁路桥梁之所以称为“大桥、小桥等”，并非因为其高大雄伟，而是由桥长严格划分为小桥、中桥、大桥、特大桥，对应长度分别是 20 米以下、20～100 米、100～500 米、500 米以上。这个划分和桥的其他因素无关。

桥梁结构分为上部结构和下部结构。笔者所在的施工单位担负下部结构（包括桥墩、桥台，及其基础）的施工，上部结构则由专业的铺轨架梁单位负责。

文革大桥位于襄渝铁路西段达县城与河市坝间，距达县（即现在的达州）车站约 3 公里。上部结构为 9 跨 24 米简支梁。该桥跨过一片谷地，下大雨时水量较多，平时 4 号墩与 5 号墩间只有涓涓细流，加上该处地质情况并不复杂，因此桥墩和桥台的基础都是明挖扩大基础，其施工过程乏善可陈，倒是文革大桥的桥墩施工值得一叙。

在文革大桥照片中，左侧是达县方向，2 号墩、3 号墩是石砌桥墩，4 号至 8 号墩是混凝土空心墩。

这样的设计方案源自节省水泥的考虑。那时建筑材料（尤其是水泥）奇缺，故此铁路设计单位采取尽量少用水泥的石砌桥墩和混凝土空心墩。

石砌桥墩用在较低的桥墩（高十几米或更低）；较高的墩则采用混凝土空心墩。当然，墩帽还是采用钢筋混凝土材料构筑。

石砌桥墩原设计形状是斜坡式。由于达县附近具有石料资源，且有不少有一定技术水平的石匠，因此具备采用石砌墩的基本条件。

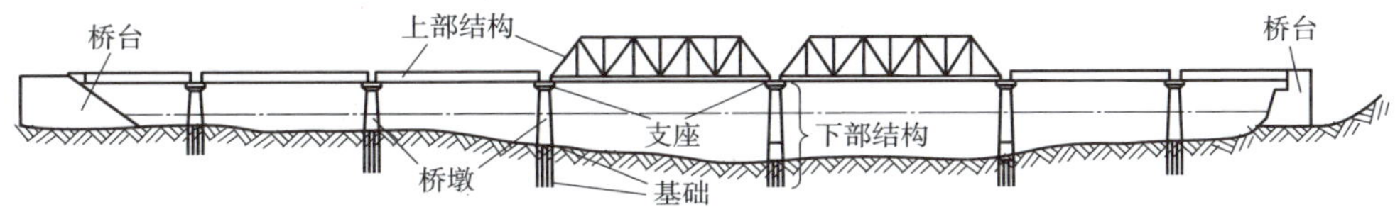

桥梁结构示意图

文革大桥（摄于 2013 年 4 月）

然而，石砌桥墩对于施工工艺有较高的要求。首先，开采的石料（称为“料石”）要求规整，厚度要基本一致；朝外的一面要平整，上下左右与其他料石衔接的平面也要尽量平整。

其次，对于砌筑工艺要求也高，要随着逐层砌筑，逐渐内收，砌筑完成时一定分别达到原设计的正侧两面的坡度 1∶n 与 1∶m，四角轮廓线不得有扭曲，以免妨碍观瞻。为了赶工期，设计单位将其改为台阶式形状，实际轮廓线把原设计轮廓线包络在内，既可满足原设计的承载能力，又可以加快砌筑进度。虽然在感观差一些，但该桥不在城镇人群密集处，所以优先考虑的是施工进度。

文革大桥 1972 年建成至今已有 40 多年，为防止石料风化，当地的铁路养护单位已经将石砌桥墩进行水泥砂浆包裹，但从照片中仍可清晰地见到台阶的形状。

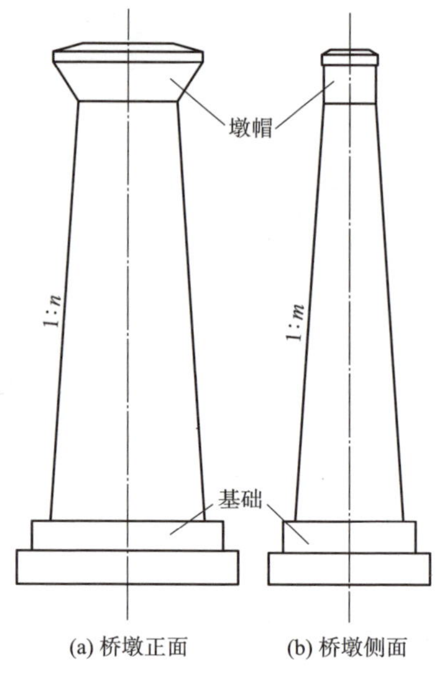

石砌桥墩原设计形状

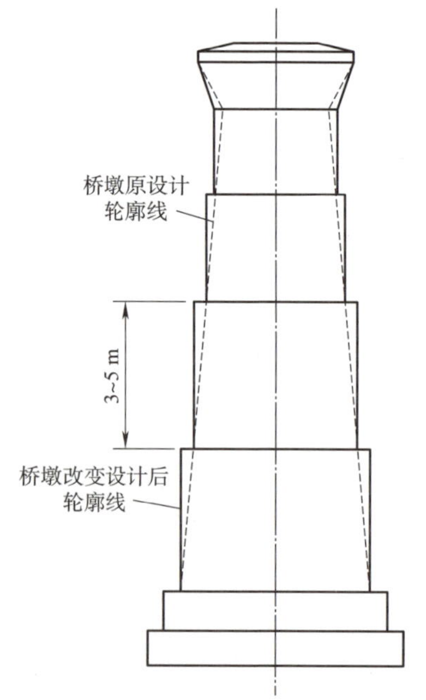

改变设计后的石砌桥墩形状

文革大桥石砌 4 号墩(摄于 2013 年 4 月，墩的石料表面已经包裹水泥砂浆)

我国 20 世纪 60 年代开始在铁路桥梁推广应用混凝土空心桥墩，目的是改变混凝土实体桥墩粗大笨重的缺点，从而节省混凝土。可是由于施工条件的制约，桥墩不可能修得很高，导致混凝土节省数量不多，60 年代后期出现滑动模板施工方法之后，混凝土空心桥墩逐渐增多。文革大桥空心墩正是在这种桥墩方兴未艾时的 1970 年开始修建的。

文革大桥所用的滑动模板结构是比较初级的，一是桥墩截面大小上下一样，不能变截面；二是结构的提升动力是手动螺旋千斤顶，在滑动模板提升时每台千斤顶需一人操作，共需 16 人，占用较多劳动力，工作平台也显得很拥挤。

滑动模板施工的原理并不复杂。在下图中，拌合好的混凝土倾卸到工作平台上，然后浇筑到内模板和外模板之间，并且捣固。在混凝土将近浇满时，模板下缘的混凝土已经初凝。这时扳动千斤顶，滑动模板结构整体提升，接着浇筑混凝土，再次提升，如此循环往复，直至桥墩达到设计高度。

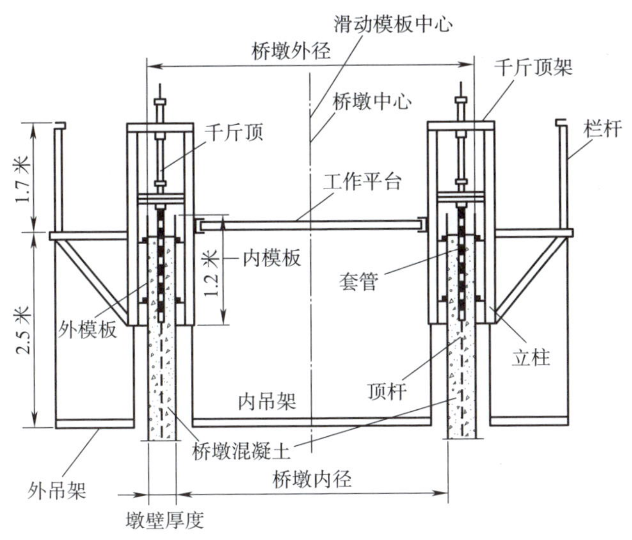

文革大桥所用的滑动模板示意图

滑动模板整体的重量和提升时的反作用力都由“顶杆”承受。顶杆最下端支撑在桥墩基础混凝土上，虽然是细长受压杆件，由于横向有凝固的混凝土约束，因此可以承受很大的竖直荷载，不致失去稳定。顶杆用直径 25 毫米直顺的光面钢筋制成，每段长 2～3 米，两端套上阴阳螺纹，可以无限接长。

千斤顶是中空的，配有止退装置，只能沿顶杆上升不能下降，用特制扳手向右旋转即可上升。

在千斤顶下方固定有套管，其下口与模板下缘处在同一水平面上，顶杆从套管中间穿过，这样，随着结构的提升，套管在混凝土中形成一个和桥墩墩身等高的且

直径略大于顶杆的孔洞。顶杆在这孔洞中，既在横向受到约束，也不会和混凝土粘在一起，待施工结束后，顶杆可以回收再用。

内外模板在结构组装时就设置成 1/100 左右的倾向混凝土的斜坡，组装时在模板上口用线绳吊一铅垂线，下口向外调整 10～15 毫米即可。模板有这个斜坡，可以减少提升时阻力，该阻力不仅包括结构的自重，而且包括来自混凝土对于模板的粘接力。初凝混凝土对模板的粘接力是相当大的。所以，在结构组装时，内外模板不宜装成直坡，而且绝对不允许出现反坡。

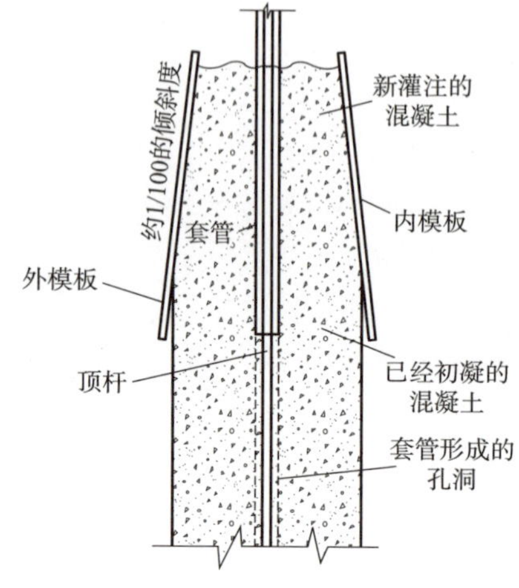

顶杆、套管、模板相对关系示意图

另外，模板倾斜度也不宜过大。其原因是，顶杆只能承受竖向荷载，滑动模板结构的横向稳定主要靠已经初凝的混凝土对模板的约束，如果倾斜度过大，则会造成模板下口离开混凝土过多，横向约束力显著减少，导致整个结构的偏斜，后果很严重。

在组装前后要检查每块模板表面，不允许出现凹凸不平和毛刺，以免增加提升的阻力。与此同时，还要检查套管，确保其处于铅垂状态，表面平整无突起。

待所有准备工作就绪，即可向模板内浇筑混凝土。混凝土高度达到模板高度的 2/3 时，可以进行“初升”，就是扳动所有千斤顶，把整个结构提升一段高度，检查滑动模板是否能够正常工作。浇筑混凝土前，模板下口直接放置在桥墩基础上，滑动模板结构中的内外吊架还不能组装，在结构提升到够高时，及时装上内外吊架。

施工时内外吊架需要有人员随时检查初凝混凝土质量，发现缺陷及时修补。

至于文革大桥施工时混凝土提升到滑动模板工作平台的手段，则是采用索道运输。索道架设在桥梁两端高处，这时需要估算索道中央的垂度，装满的混凝土斗下缘应该高于墩帽的高度，以便满足整个桥墩施工的需要。索道两端架设塔架用以固定索道位置，并且调整索道高度。

索道的缆索至少有四根。一根是轨索，用以引导方向；一根是起重锁，用来承担小车、混凝土斗和滑车等的重量；还有两根是牵引索，通过卷扬机拉动牵引索，使小车在起重索和轨索上移动，以便将混凝土斗对准桥墩位置。

在下页示意图中，只显示出一侧的卷扬机，实际对侧也应该有卷扬机，两台各操纵一根牵引索，以使小车可以在两个方向移动。

在混凝土斗上拴系两根缆风绳，一根由地面人员操纵，用以防止混凝土斗在索道上移动时大幅度晃动；另一根由滑动模板上人员操纵，使其对准工作平台倾卸混凝土。

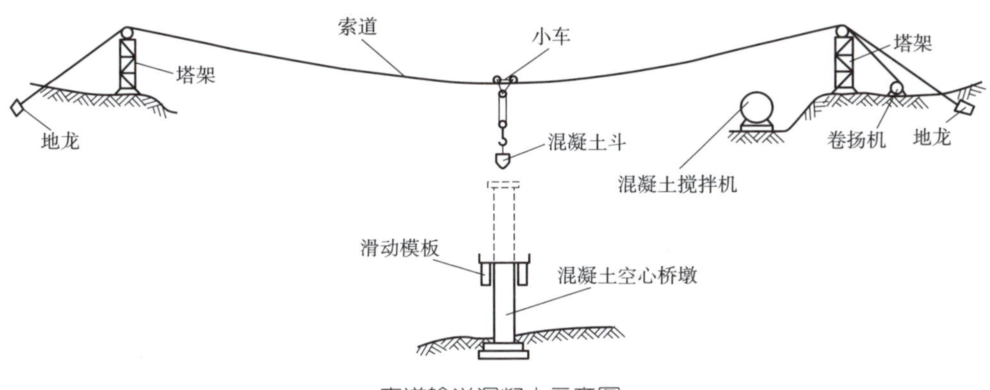

索道输送混凝土示意图

文革大桥5号墩(摄于2013年4月)

在索道下面物色一处合适的场地并加以平整，用以安放混凝土搅拌机，堆放水泥、砂、石等材料，在此制备混凝土，通过索道运送到桥墩处。

由于所使用的滑动模板不能变截面，所以提升到墩帽下缘时就停止，另外架设墩帽模板。此时滑动模板可以当作浇筑墩帽的脚手架，也算是物尽其用。

施工现场指挥十分重要。由于索道跨度有数百米，索道距离地面有数十米，那时没有通信设备，全靠手旗和哨声指挥，其难度可想而知。但指挥工作关乎人员、设备的安全与正常生产秩序，必须做好。

由于当时条件所限，文革大桥施工完毕没有留下照片。2013年委托成都铁路局有关领导拍了一些照片，这是5号墩的近照。5号墩高约25米，直径4.6米，壁厚0.8米。文革大桥桥于1972年建成。

混凝土空心桥墩和滑动模板施工方法的发展

滑动模板的优越性是显而易见的。首先，节省大量模板(木模板或钢模板，那时正是木模板向钢模板的过渡时期)，一副滑动模板可以从基础滑升到墩帽；其次，节省脚手架，之前的桥墩施工是满堂脚手架到顶，而滑动模板结构本身就带有脚手架(内外吊架)；再次，混凝土质量易于保证，工作平台有较大操作空间，混凝土浇

筑、捣固作业方便，而且随滑升随检查混凝土质量，修补其瑕疵也方便及时；还有，工作平台和吊架有栏杆，施工人员的安全易于得到保证。总而言之，这种方法较之传统方法可以节省很多的设备、材料和人工。

20世纪70年代初，混凝土空心桥墩在我国铁路大量应用，这也就推动了滑动模板施工方法的进一步发展。混凝土空心桥墩和滑动模板在沙通铁路得到较多应用。

沙通铁路现称京通铁路，南起北京（沙城），北到内蒙古自治区通辽市，全长836公里。

这条铁路1972年开工兴建，1977年12月铺轨通车，1980年5月交付运营。沙通铁路自京包线出岔，直抵通辽站与大郑铁路接轨，中途分别与京承铁路和锦承铁路相衔接，是当时华北通往东北地区的第三条铁路干线，也是晋煤北路分流外运的一条通道。

1973年，笔者来到沙通铁路，参加桥梁施工。第一座桥是朝河关1号大桥（大桥在设计文件上称作“潮河关”，笔者认为乃系“朝河关”之误，因为这个地名在70年代出版的密云县挂图上标示为“朝河关”，以下皆称“朝河关”），该桥坐落于密云县古北口镇西约3公里处，是7孔32米的简支梁桥。6座桥墩都是混凝土空心墩。

朝河关1号大桥近照（摄于2013年4月）

朝河关1号大桥共6座桥墩，2号～5号墩墩高均为45米，都是变截面的圆形空心墩。墩身顶部外径4.4米，底部最大外径5.2米；壁厚0.7～1.1米。墩帽是两层反台阶式，材料为钢筋混凝土。

领导要求，从基础顶面直至墩帽全部用滑动模板完成。为此，笔者和同事们一起，从1973年4月先熟悉大桥图纸和桥址附近地形。之后便投入滑动模板结构的设计，同时进行混凝土提升设备的比选，以及附属设备的设计工作。

设计阶段经历数月时间，然后携图纸到工厂试制。期间与有关技术人员一起修改一些不合理的设计细节。

应该提到的是，设计工作得到当时铁道部第四工程局相关技术人员的大力帮助，笔者曾赴枝柳铁路工地进行观摩，并且了解到许多工程细节和注意事项。这些都对此后工作的顺利开展起着至关重要的作用。

朝河关 1 号大桥的滑动模板的构造与施工情况见以下两张插图。

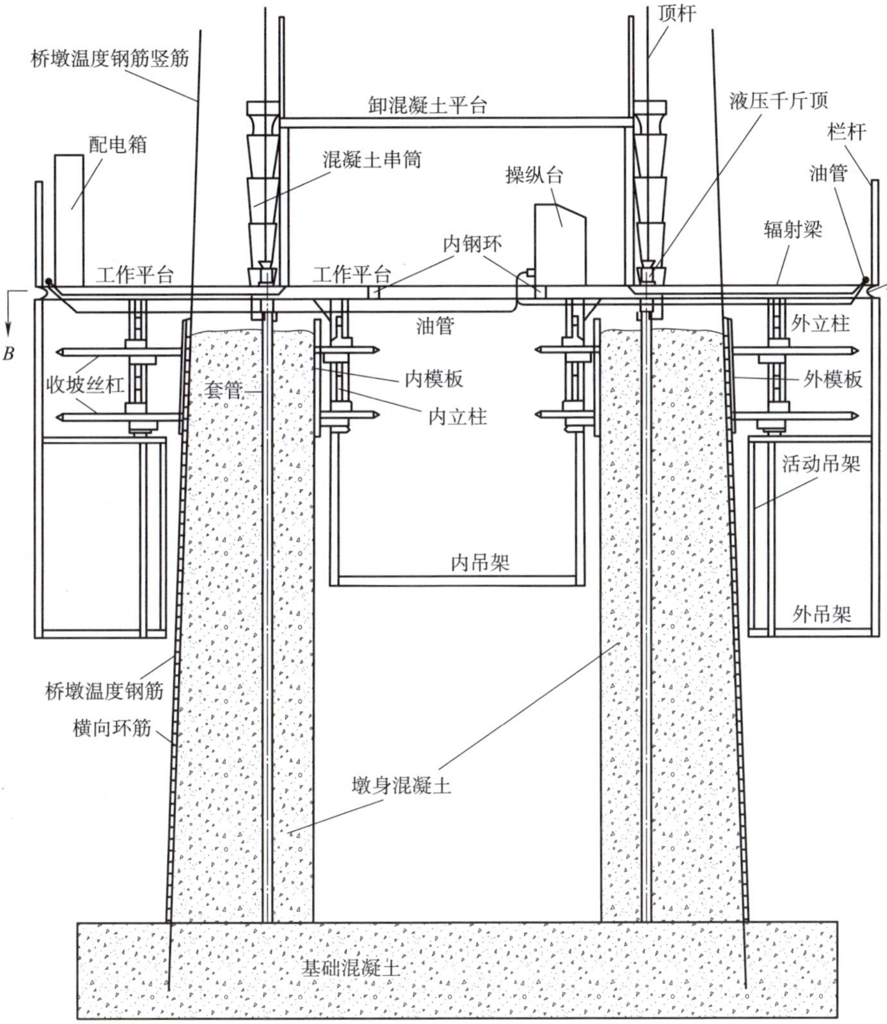

朝河关 1 号大桥的滑动模板结构

朝河关 1 号大桥在诸多方面与文革大桥不同。首先，设计单位经过大量研究，桥墩本身有很大改变。一是，墩身外壁为斜坡式，受力更加合理，并可节约一部分混凝土；二是，墩身增加“温度钢筋”（也叫做“护面钢筋”）。空心桥墩在阳光照射下，朝阳面与背阴面产生温度差，墩壁发生不均匀膨胀，混凝土表面会出现龟裂（此处龟读音为 jūn，不读 gūi，也作皲裂，龟裂的意思是出现许多裂纹）。温度钢筋的作用就是防止龟裂。

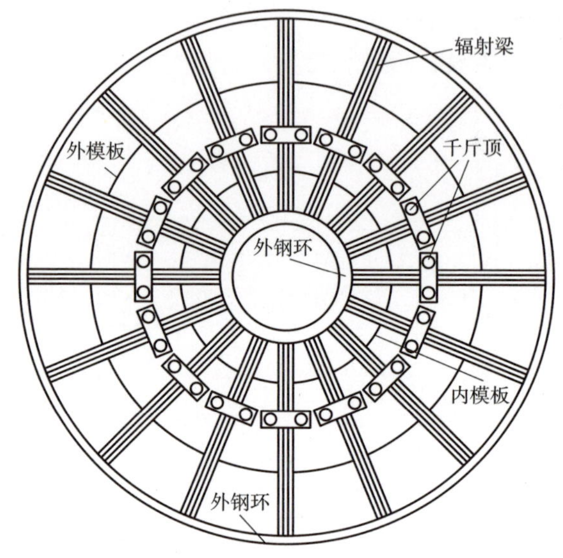

滑动模板平面（上页图的 B—B 剖面）

由滑动模板结构图可见，温度钢筋有竖筋和横向环筋，在桥墩表面下呈方格状，这样给混凝土浇筑作业增加很大工作量。随着混凝土的浇筑，必须安排专人准备与放置绑扎钢筋，钢筋位置应该符合设计图的要求。

与文革大桥相比，朝河关 1 号大桥的滑动模板有两方面大的改进。一方面，为了适应墩身外壁的斜坡，必须有变截面装置。

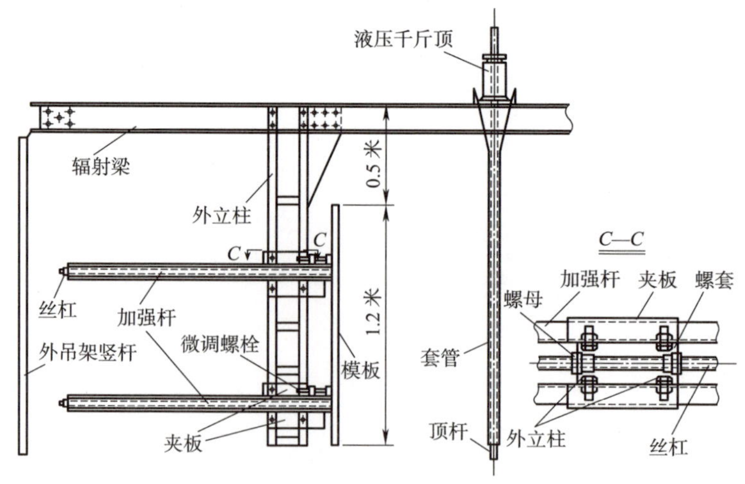

变截面装置（单位：米）

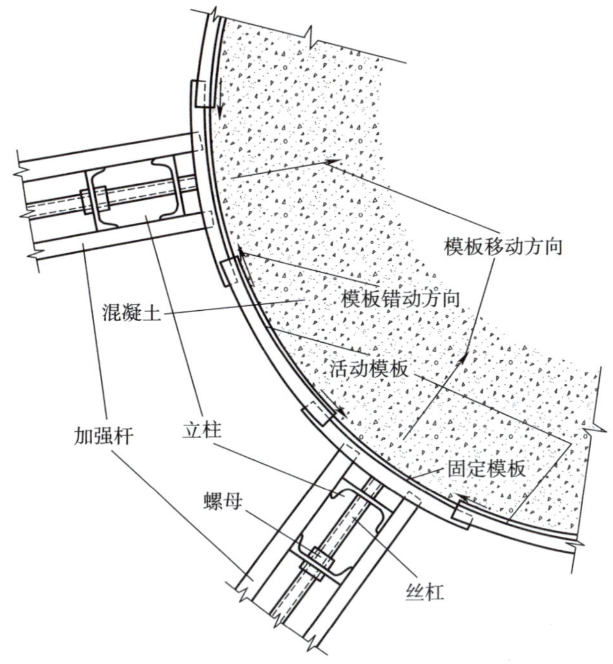

桥墩变截面原理平面示意图

由变截面装置和变截面原理平面示意图可见，模板不是直接安装在立柱上，而是安装在丝杠及其加强杆上，加强杆通过夹板再安装在立柱上，夹板允许丝杠水平移动，但限制其上下移动。

在旋动丝杠时，由于立柱固定于辐射梁上，不可能移动，于是丝杠带动固定模板作水平方向移动。活动模板悬挂在固定模板上，前者移动会使二者产生圆周方向的错动，于是模板的直径发生变化。模板的所谓"固定"和"活动"是相对于圆周而言的，固定模板只沿半径方向移动，而活动模板既沿半径方向移动，也沿圆周方向移动。

另一方面大的变化是采用液压千斤顶取代手动千斤顶。液压千斤顶及其爬升原理见下页液压千斤顶爬升原理图。

在由滑动模板结构图和滑动模板平面图中，可以看到千斤顶及其油管和操纵台的位置。沿圆周共均匀布置 32 台液压千斤顶。千斤顶每一作业循环分进油、爬升、排油三个步骤。按动操纵台进油按钮，液压油进入缸盖与活塞之间，在油压作用下，上卡头卡紧顶杆，见原理图(a)；由于上卡头卡紧顶杆，活塞不能下移，此时油压迫使缸盖上移并带动缸筒、底座、下卡头一起上升，同时压缩排油弹簧排油，当上下卡头顶紧时，爬升停止，完成一个爬升行程约 3 厘米，见原理图(b)，千斤顶的爬升就会带动滑动模板结构爬升；按动操纵台回油按钮，使油压解除，在排油弹簧张力作用下，推动下卡头使其将顶杆卡紧，同时又推动上卡头及活塞将油排出，当活塞与缸盖顶紧时，千斤顶恢复到进油状态，至此一个循环完毕，见原理图(c)。

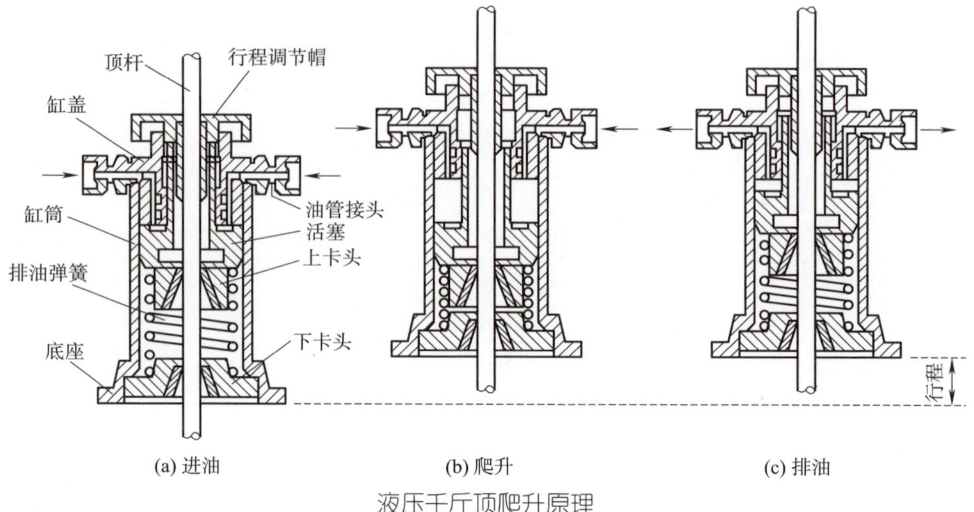

液压千斤顶爬升原理

液压千斤顶的应用，不仅显著减少了劳动力，降低了劳动强度，而且使得滑动模板爬升均匀平稳，是一大技术进步。当然，操纵台、油管、千斤顶等设备，其维护和调试有不少工作要做。

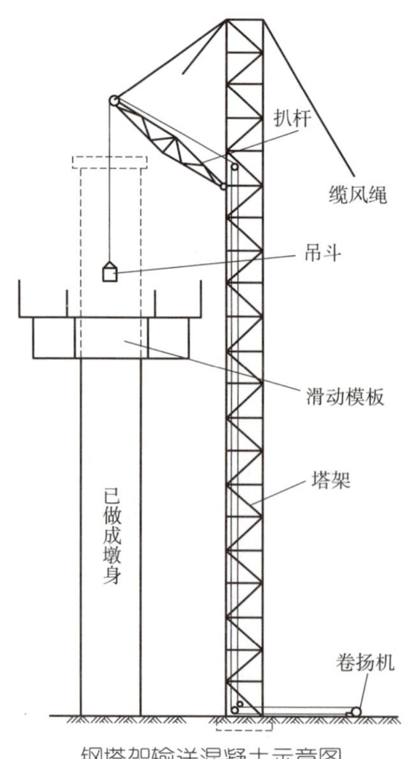

钢塔架输送混凝土示意图

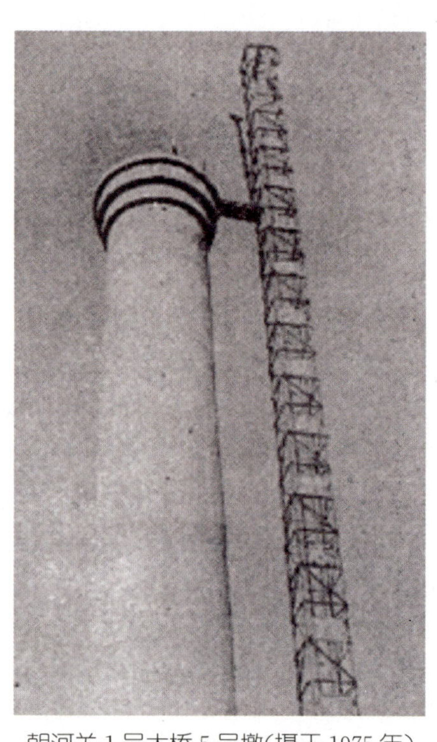
朝河关 1 号大桥 5 号墩(摄于 1975 年)

在滑动模板组装之前，所有千斤顶必须进行维护调试，并利用“行程调节帽”将准备使用的32台（另准备10台左右备用）千斤顶的行程调节为30毫米，以便施工时同步爬升，使滑动模板保持水平状态。

像文革大桥所用的索道输送混凝土那样的施工方法，在朝河关1号大桥并不适用。因为索道运输是有限制条件的，其一，跨度不宜太大，跨度大则索道中央垂度大，两岸塔架必须加高，增加工程量不说，混凝土斗晃动幅度大，影响安全；其二，索道不适用于曲线桥梁，尤其是半径较小的曲线。朝河关1号大桥虽然在直线上，但其跨度200多米，有4座桥墩高度在45米，因此索道运输不适用。经过比选，采用钢塔架作为起吊运输方案。

在上页钢塔架输送混凝土示意图中，拌合好的混凝土装在吊斗内，用卷扬机输送到工作平台上，然后入模、捣固。钢塔架的高度是64米，扒杆要占用十几米，余下的高度可以满足浇筑45米墩身、墩帽的高度要求。

混凝土浇筑完毕已经拆除滑动模板的5号墩见上页图，可以见到钢塔架还矗立在墩旁；完工后已经架设桥梁的4号墩，以及近期的4号墩分别见以下照片。

朝河关1号大桥完工后已经架梁的4号墩（摄于1975年）

朝河关1号大桥近期的4号墩（摄于2013年）

钢塔架提升输送混凝土的施工方法也有其固有缺点，其一，钢塔架组装一次只能施工一座桥墩，下一座桥墩施工前要将其拆除重新组装；其二，由于塔架高达64米，桥墩开始施工时，扒杆只能安装在塔架中部，以免悬吊吊斗的钢丝绳过长晃动

太大，不易操作，也不安全，待滑动模板滑升到接近扒杆时，将扒杆拆除，再安装到顶部，从而造成一段时间的停工；其三，混凝土搅拌机和水泥、砂、石等材料，需要随着钢塔架的移位而转移，因为扒杆虽然可以在水平面上旋转一定角度，但其长度毕竟有限，所以拌合混凝土必须在桥墩与塔架附近进行。

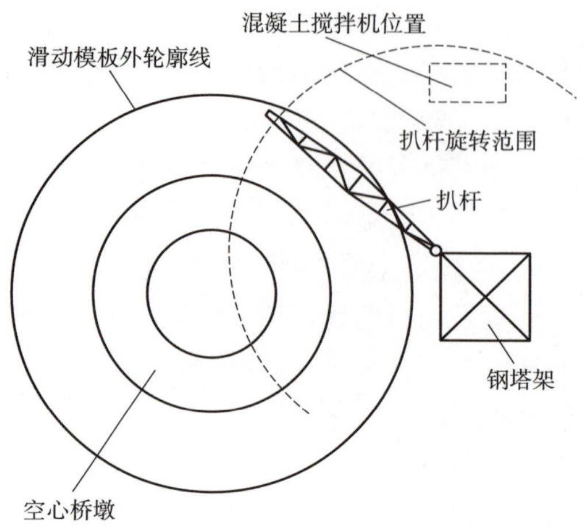

钢塔架、桥墩、滑动模板等相互位置平面图

滑动模板施工中途停工是必须高度重视的问题，稍微处置不当便会酿成严重后果。一方面，应该防止混凝土粘住模板，为此，每隔半小时或 40 分钟左右操纵千斤顶将结构提升一个行程；另一方面，要防止空提过多，结构横向不稳产生偏斜，为此应该经常检查，发现偏斜苗头立即采取相应措施。

滑动模板结构滑升到墩帽底部，说明墩身施工结束，接着就要准备进行墩帽的施工。先利用内外吊架作脚手架，安装墩帽底模的支撑架，然后铺设部分内底模，之后拆除内吊架（包括脚手板）、内立柱和内模板，铺设全部内底模，并将预留检查孔模板固定在辐射梁上。

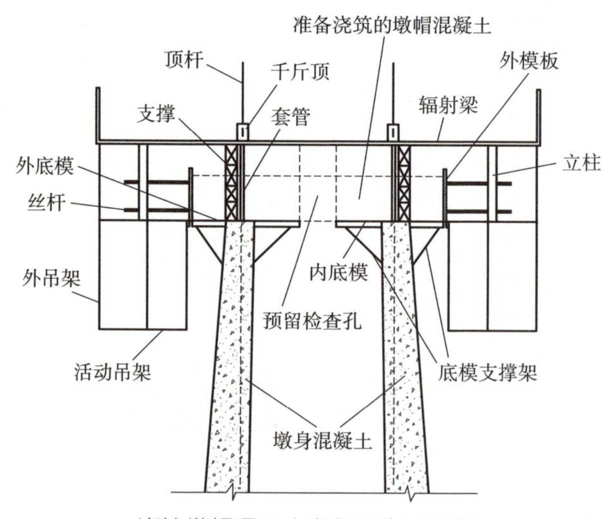

浇筑墩帽混凝土准备工作示意图

接着操纵千斤顶连续空提整个结构，直至外模板下口距墩身顶部约 10 厘米时停止提升。这是关键时刻，因为此时整个滑动模板结构已经失去大部横向约束，极易发生偏斜。随着提升，随时将辐射梁多处支撑在墩身混凝土上，准备工作图中显

示出支撑的位置。由于连续提升，辐射梁会离开支撑顶部，这时必须借助木楔或者普通液压千斤顶（或汽车用液压千斤顶），使整个结构重量每时每刻都落在墩身混凝土上，这一点对于安全施工是至关重要的。

提升到位时，确认结构稳定得到保证后，利用丝杠张开外模板使其符合墩帽的直径尺寸。立刻铺设外底模，并使模板下口的 10 厘米靠紧外底模。

到这一步，墩帽施工的准备工作算是基本就绪。下面就是绑扎钢筋，浇筑墩帽混凝土。并且逐步撤除支撑。

朝河关 1 号大桥的墩帽有两层，因此上述工序要重复进行两次。

墩帽施工完毕后，将滑动模板结构的全部重量支撑在墩帽上，然后拆除液压千斤顶、油管、操纵台等，接着回收全部顶杆。接着检查墩帽、桥墩所有工作是否已经都结束，按先下后上的次序拆除滑动模板，最后拆除钢塔架，转移到下一个桥墩。

如果缺乏经验，顶杆的回收会有些小小的困难。由直径 25 毫米光面圆钢筋制成的顶杆每米重量是 3.85 千克，桥墩完成后每根顶杆至少 46 米长，净重量约 177 千克，加上顶杆孔洞对顶杆的摩阻力，人工的力量是难以将其抽拔出来的。图示顶杆捆绑的方法或许会解决这个问题。

选用适当规格的麻绳（或白棕绳）在顶杆上挽三至五个活扣，每扣都要拉紧，然后麻绳端部用细铅丝（绑扎钢筋用的即可）与顶杆捆紧，将麻绳上端固定在塔架扒杆的吊钩上，开动卷扬机，就可以把顶杆拔出。其原理是，每个活口会与顶杆产生一定摩擦力，几个活口摩擦力叠加就能够抵消顶杆的重力。用铅丝捆紧是防止活口松脱。

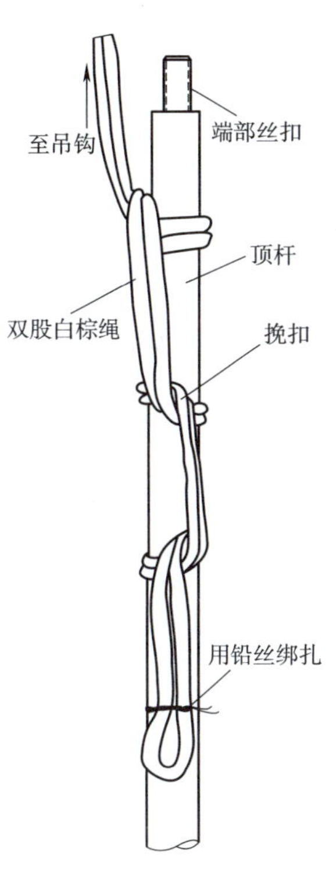

顶杆的捆绑方法

朝河关 1 号大桥桥墩 1975 年全部完成，下页照片是该桥 3 号、4 号和 5 号墩的近照。将近 40 年过去，这座桥仍然傲然屹立在长城脚下，为京通铁路客货运输贡献力量。

在这一时期，笔者和同事一起参与设计出数座圆形空心高墩滑动模板，主要的有：太岚铁路汾河 2 号大桥；南疆铁路冬德萨拉大桥；罕东铁路文中沟大桥的圆形高墩滑动模板。另外，还有朝河关 2 号大桥的圆端形空心桥墩滑动模板。圆形高墩滑动模板的设计是在朝河关 1 号滑动模板的基础上，将尺寸加以修改和完善一些细部进行的，所以工作量比重新设计要小。

朝河关 1 号大桥 3 号～5 号墩(摄于 2013 年 4 月)

(a) 桥墩完成后汾河2号大桥正在架梁

(b) 桥墩完成冬德萨拉大桥正在架梁

太岚铁路和南疆铁路的两座大桥(摘自《铁道兵画册》)

太岚铁路是一条自山西太原通往古交、岚县的运煤支线，全长 64 公里。汾河 2 号大桥共有空心圆形收坡桥墩 4 座，高度 41～53 米。

南疆铁路一期工程由新疆吐鲁番通往库尔勒，长 476 公里。冬德萨拉大桥共有空心圆形收坡桥墩 4 座，高度 40～60 米。

罕东铁路是一条支线，由陕西罕井通往东坡，长 32 公里。用滑动模板施工的文中沟大桥位于文化古城白水附近。

白水历史悠久，古称彭衙、粟邑，位于陕西省东北部。在建制 2300 多年的历史渊源中，白水曾孕育出中华民族的灿烂文明。古代历史上出现过“白水四圣”，他们的事迹是，仓颉造字、杜康酿酒、雷祥制碗、蔡伦造纸。白水不仅为中华民族的发展增添光彩的一页，也为现代的人们追古思幽之情留下不可多得的盛景。仓颉庙、杜康庙、杜康泉、杜康墓、雷祥庙等古迹至今犹存。此外，白水县是国内外专家公认的苹果最佳优生区之一，素有“中国苹果之乡”的美誉，“白水苹果”也被确定为陕西省知名品牌。（这里有一个有争议的问题，就是另有记载，蔡伦是湖南耒阳人，耒阳留有多处蔡伦遗迹，他是否曾在白水活动，有待考证。）

建成的文中沟大桥（摘自朱绍轩先生博客）

混凝土圆端形空心桥墩的滑动模板施工

朝河关 2 号大桥坐落在京通铁路古北口车站西侧，与 1 号大桥只隔一座山梁。由于 2 号桥位于曲线上，设计单位将其设计成圆端形空心墩，以达到既能平衡列车离心力，又节省混凝土的目的。

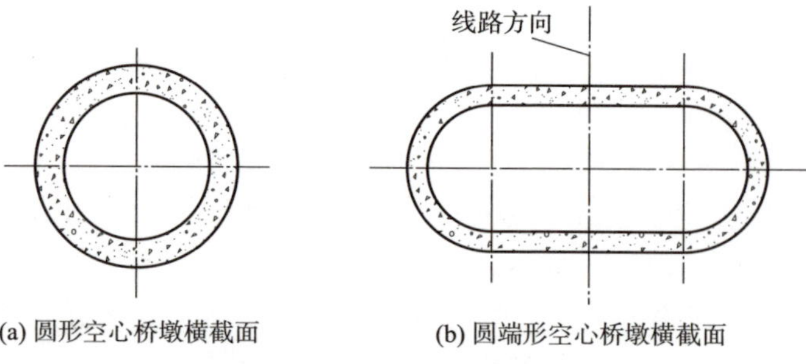

圆形与圆端形空心墩的横截面

圆端形桥墩犹如将圆形桥墩在线路方向沿直径一劈两半，中间加一个矩形而成。因此，把圆形桥墩滑动模板的内钢环、外钢环、模板、工作平台等改成圆端形，其余各部分装置基本不变，圆端形桥墩滑动模板的设计图就可以绘制出来，工作量比重新设计减少很多。

从朝河关 2 号大桥近期的照片，由桥的侧面并不能清晰看出桥墩的形状，可是从 1 号和 2 号墩的照片，则可约略看到桥墩的圆端形的形状。2 号桥 4 号墩，墩高约 33 米。

朝河关 2 号大桥近照(摄于 2013 年 4 月)

至于圆端形空心桥墩的施工，与圆形空心桥墩没有大的差异，朝河关 2 号桥施工用的是与 1 号桥同样的施工设施，只不过 2 号桥的墩帽只有一层，减少一道工序而已。

朝河关 2 号大桥 1 号和 2 号墩
（摄于 2013 年 4 月）

朝河关 2 号大桥 4 号墩
（墩高约 33 米，摄于 2013 年 4 月）

柔性墩和半刚半柔墩的施工

柔性墩是在多跨桥的两端设置刚性较大的桥台，中间墩均为柔性墩。柔性墩墩体的纵向整体刚度很小，在水平推力的作用下墩顶会发生一定量的水平位移。由于桥墩的水平推力是按各墩的刚度分配的，故分配到每个柔性墩上的水平推力很小，所以，桥墩只承受向下的压力，可以做得很薄，从而节省大量圬工（这里指混凝土）。柔性墩桥梁是 20 世纪 70 年代的一种尝试性的设计理念，由于这种桥梁类型对于支座要求较高，故此这种设计理念存在一定争议。

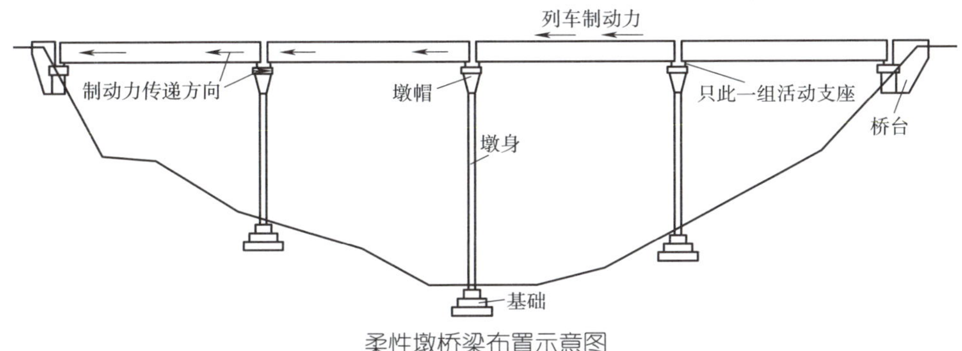

柔性墩桥梁布置示意图

为了将桥墩受到的纵向水平力(主要是列车制动力)传递到桥台,所有墩帽上除一处外全部为固定支座。当出现纵向水平力时,由于桥墩纵向很薄,会产生微小变形(大约几毫米至一两厘米),这样水平力便会通过梁体传递到桥台,最终传递到台后填土中。

柔性墩除板式外,还有框架式、多柱式等。板式柔性墩结构简单,钢筋用量相对较少,且便于采用滑动模板施工,所以得到较多应用。

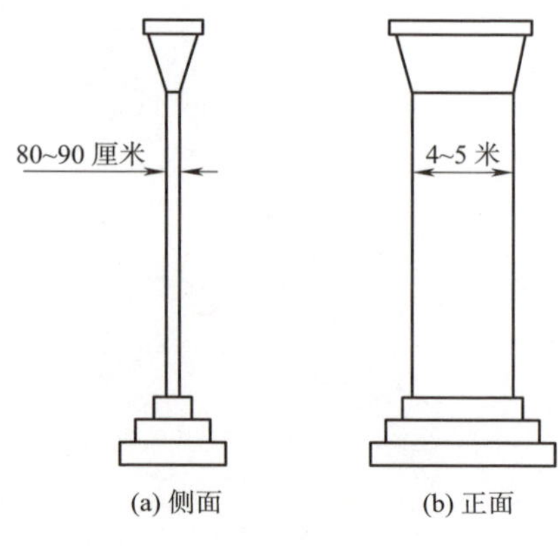

板式柔性墩

与刚性桥墩比较,柔性墩的优点是显而易见的,如墩身节省大量圬工(约节省 2/3～3/4);由于桥墩自重减少,还可减少基础工程量;外形轻巧美观等等。可是,柔性墩也有缺陷,如需要使用一定数量的钢筋;不适合修建在水流湍急的河流或有泥石流的山谷中;对支座要求较高等等。

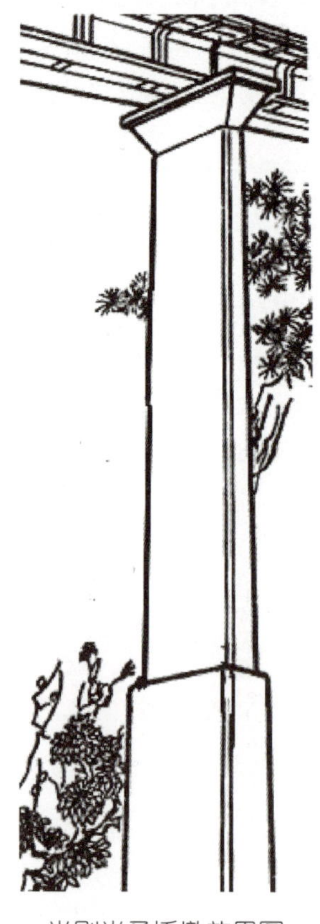

半刚半柔桥墩效果图

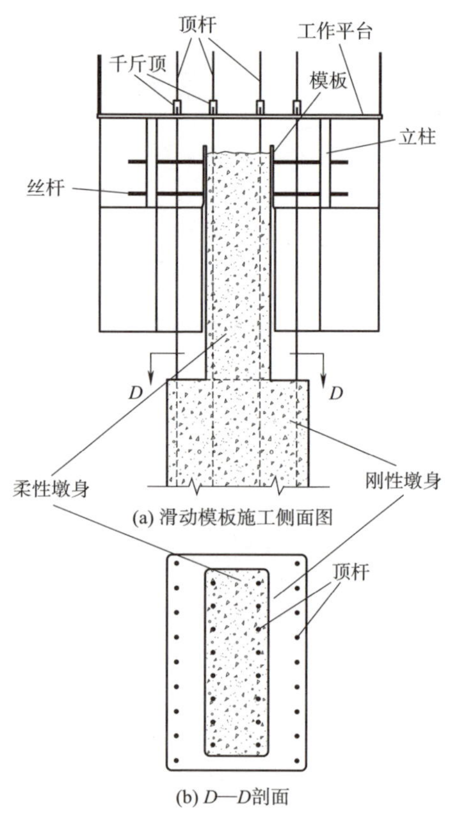

半刚半柔桥墩施工示意图

为了消除柔性墩的部分缺陷，设计单位设计出一种“半刚半柔桥墩”，其主要特点是，桥墩上部是柔性的，可将大部分水平力传给桥台；桥墩下部是刚性的，能用于有水流的河流或有泥石流的山谷；圬工增加有限却可保持柔性墩的优点。半刚半柔桥墩的形状见上页效果图。

1976 年末，上级把沙通（京通）铁路的吴家沟和变家沟大桥半刚半柔桥墩施工的任务下达给笔者所在单位，并指定采用滑动模板。于是，笔者和同事们一起投入这种滑动模板的设计、试制与施工工作中。

半刚半柔桥墩滑动模板与上述的圆形、圆端形滑动模板具有一些不同点。首先，桥墩形状不同，柔性的和刚性的部分都是矩形截面，因而工作平台就须设计成矩形；其次，桥墩是实体的，因而就没有内模板那套装置；再次，虽然柔性的和刚性的部分都是等截面的，但刚性到柔性却是突变截面，而这一突变方向和圆形、圆端形墩帽施工恰恰相反，后者模板是向外张开，前者却是向内收缩，给设计和施工带来新的课题；再有，工作平台是狭长的面积较小的矩形，各个工序相互干扰，施工组织难度大。

经过比选和论证，决定采用上页图示的方案。

千斤顶与顶杆采取双排布置，一是适应桥墩形状，二是结构爬升的需要。由图可见，在模板变截面之后，刚性桥墩的外侧两排顶杆外露，但是这些千斤顶和顶杆不能拆除，因为内侧两排顶杆间距离仅不足 70 厘米，不足以维持滑动模板的整体稳定。可是，外侧两排顶杆便成为细长受压杆件，因此在施工过程中对其应予以适当加固。

建成的吴家沟半刚半柔桥墩（摄于 1978 年）

1978 年前后，吴家沟、变家沟大桥先后建成。

有些照片是当年的资料，由于拍照设备和技术所限，加上年代久远，效果很差，但能保留到如今，应该说是弥足珍贵的。

一般桥墩的中线测量工作

以上提到的几座桥梁长度在 100 多米到 300 多米，跨度是 24 米和 32 米，都没有常年流水，故此测量工作相对来说比较简单。

文革大桥有两座矩形墩位于曲线上，测量放样时要注意桥墩的“预偏心”问题。“预偏心”问题的由来是这样的，早年为了抵消列车在曲线上产生的离心力是采取横向加宽桥墩尺寸的办法。

1958 年，铁道部第二勘测设计院的陈俊真工程师提出将墩身两侧斜坡设计成不对称的形式，从而节省圬工，1959 年该院徐学仁工程师改进为使桥墩中心线对线路中心线有一个“预偏心”，这样既能够抵消离心力，桥墩尺寸又和直线墩基本相当。由下图可见，曲线桥墩等于是整体向曲线外侧偏移一个 d 值。桥梁设计工程师根据曲线半径、桥墩高度、列车重量和预计行车速度等参数计算得出 d 值的大小。

施工现场测量工程师测出的是线路中心线，因此在桥墩放样时一定不能忘记把桥墩中心向曲线外侧移动一个 d 值，以免出错。

在桥墩施工过程中，需要经常检查桥墩中心的位置及桥墩截面的尺寸，笔者常用的是保护桩交会法，有时也用渐进法。

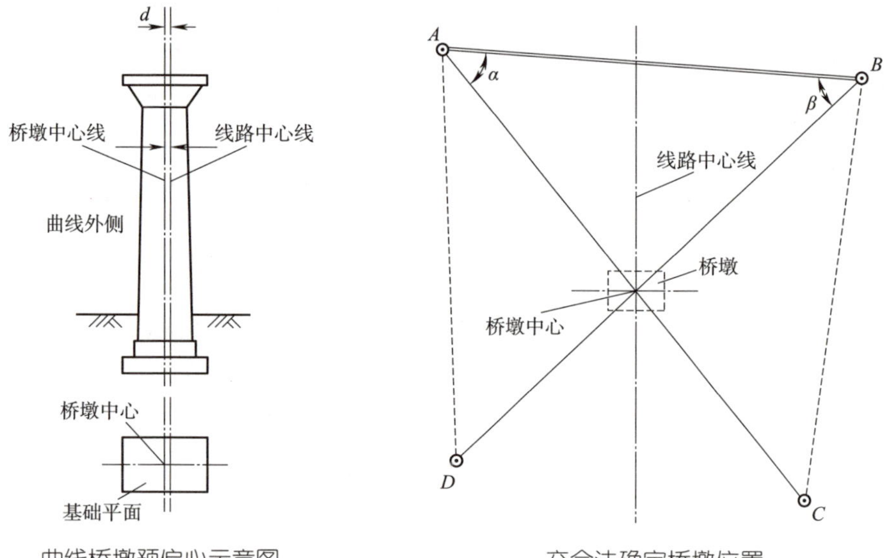

曲线桥墩预偏心示意图　　　　交会法确定桥墩位置

在桥墩施工前，利用设计单位交给的线路中心桩，测定桥墩中心的位置。之后便可以设定“保护桩”。用经纬仪在适当位置定出 A、B、C、D 四个点，对这四个点的要求，一是 AC 和 BD 两条直线的交会点恰好是桥墩中心；二是起码有两个点，或是 AB，或是 CD，位于高处，最好桥墩修到顶时，AC 和 BD 间仍然能够通视，如果做不到通视，起码在 A 点和 B 点也能够看到墩顶；三是 AC 和 BD 两根线的夹角尽量接近 90°；再有是这四个点能够不受干扰埋设半永久性测点，保证在桥墩建成前不被破坏。

桥墩基础建成后，随着桥墩逐渐增高需要检查墩中心位置及桥墩截面尺寸时，将经纬仪安放在 A 测点，然后照准 C 点，在桥墩上画出一条 AC 方向的线，接着将经纬仪移到 B 测点，照准 D 点，与桥墩上画的线交会，交点就是桥墩中心。这就是交会法的操作程序。

为了防止桥墩到一定高度 AC 间与 BD 间不能通视，或者 C,D 中的一个或两个测点遭到破坏，设定保护桩时，反复测定角度 α 和 β 的值，这样只要有 A,B 两个测点便可以定出 AC 和 BD 的方向来。所以在图中将 AB 绘成双线，表示这条线的重要性。为了更加保险，CD 线也可以照此办理。

保护桩交会法说起容易，实际操作需要克服很多困难。高处的保护桩多设在地形艰险处，一是为了俯瞰对面保护桩与桥墩通视良好，二是人迹罕至处便于保护桩不受损坏。此外，那时通信手段属于空白，测点间联络全靠手势、口哨和手旗，非常不便。照片是测量技术人员在襄渝铁路的悬崖陡壁上测量，其艰险程度可见一斑。如今，通过使用各种无线电子设备，测点间联络直接快速，测量工作效率显著提高。

滑动模板在基础顶面组装完毕后，立即把桥墩中心交会到工作平台上，并用油漆画出明显标志，以便在施工过程中，随时复测，发现偏移及时纠正。

测量人员在山坡高处测量（摘自中国铁道出版社图库）

渐进法常用于正在施工桥墩的测量。E 和 F 是线路中心线上的已知测点，这时桥墩已经到一定高度，受地形限制以前的测点 E 和 F 间已经不能通视，为了检查桥墩中心与尺寸，需要在桥墩上重新测设其中心。在桥墩上根据 E 和 F 的及桥墩的里程，作距离测量，定出桥墩横向中心线，在此线上任一点 O' 安放经纬仪，后视 F 点，然后倒镜前视在 E 点旁边定出 E' 点，并量出 EE' 的距离 s。

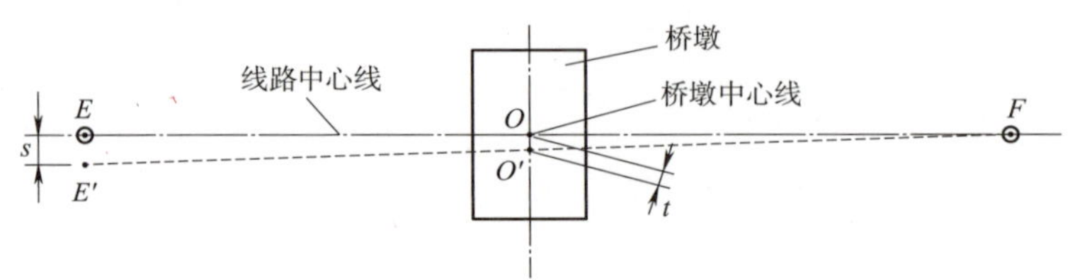

渐进法确定桥墩位置

根据相似三角形原理，可以计算出 OO' 间的距离 t。

$$t/s=FO/FE \quad 则 \quad t=s\times FO/FE$$

因此，由 O' 点横向量取距离 t 就可以得到桥墩中心 O 点。并且应将经纬仪移至 O 点，前后视 E 点、F 点，复核结果是否正确。也可以不测距，用多次试凑的办法定出 O 点。

渐进法的精度不高，但对于桥墩施工放样来说，精度也够了。

无论交会法或是渐进法，使用前都要保证经纬仪状态良好，因此应经常对经纬仪进行检验和校正，这是经纬仪的常规操作，不再赘述。

桥墩滑动模板施工的水准测量与纠偏及其他

滑动模板施工过程中应该频繁进行水准测量，发现滑动模板偏斜或有偏斜趋势，要及时采取措施。

桥墩上的水准测量分两部分进行。

其中，一部分工作是，滑动模板滑升一段高度后，在墩身下部画一条红线，用水准仪准确测量其高程。然后，随着滑动模板的逐渐升高，用钢尺将红线逐段画出，这样每根红线的高程都是已知的，据此随时可以知道墩身滑升到什么高程，用这个高程算出墩身的直径。从而利用变截面装置将桥墩进行收坡。具体操作是扳动丝杠将模板向内推动一段距离，该距离系根据高程算出。滑动模板组装完毕就应在丝杠的加强杆上用白色油漆画上刻度以便操作。一般滑升 1 米左右收坡一次，每次不过约推动 1 毫米，因此要频繁测量，以免误差积累。

由此出现一个疑问，就是墩身高程是沿着墩身轮廓斜线量上去的，是否与实际情况有较大误差呢？在下页图中，虚线是铅垂线，按照墩身 43 米，收坡值 0.4 米计算：

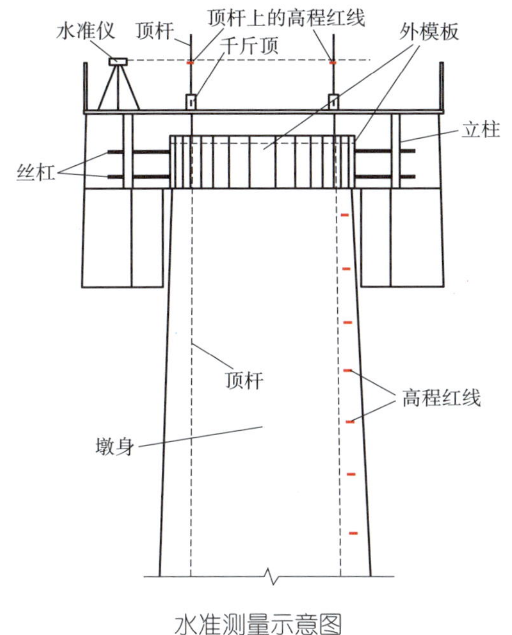

水准测量示意图

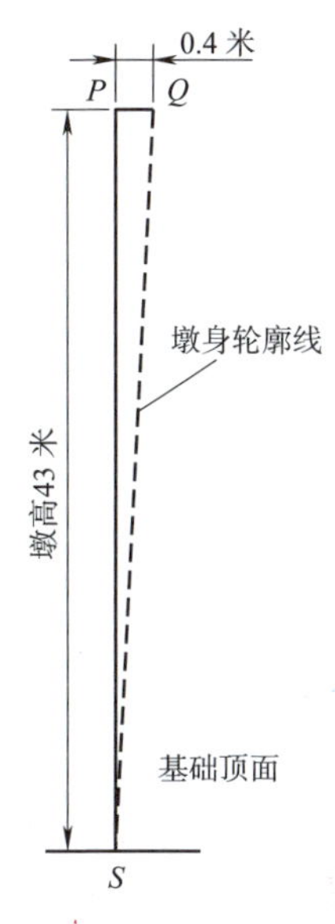

斜线与铅垂线的差异

$$QS=(PS^2+PQ^2)^{-2}=(43^2+0.4^2)^{-2}=43.002$$

高程总误差不过 2 毫米，可以忽略不计。即使 PQ 按 0.5 米计算，误差也就 3 毫米，仍然很小。所以说，沿墩身轮廓线测量高程是完全可行的。

可见，墩身的高程测量完全可以按上述办法进行，但是在墩帽的最后工序，即支承垫石施工时需要借助水准仪按照有关规范要求进行较精密的高程测量。这是由于支承垫石上直接安装桥梁梁体的支座，所以有一定的精度要求。

墩上高程测量的另一部分工作是，用安放在工作平台上的水准仪在所有顶杆上绘出红线。由于安平好的水准仪的视线是水平的，所以顶杆上的红线都处在一个水平面上。与墩身上的高程红线(绝对高程)不同，顶杆红线的高程是相对高程，因为并没有和墩下面的水准点相联系，水准仪只是扫出一个水平面而已，所有顶杆上的高程红线都在这个水平面内。

接着，逐根量测高程红线和千斤顶行程调整帽上缘间的距离。如果所有的这个距离都相等的话，说明滑动模板整体是水平的，可以继续施工；假如某一边或某几个的千斤顶的这个距离大于其他的，说明这一边或这几个千斤顶偏低，滑动模板已经发生偏斜，需要采取纠偏措施。

纠偏的办法是，关闭其他千斤顶的油路，利用行程调节帽将偏低千斤顶的行程调小，开动操纵台使这些千斤顶少量上升，然后将行程调节帽复位，再把所有油路打开，恢复正常施工。接着重复上述程序，少量逐渐把千斤顶调整为水平状态。切忌多量猛调，那样会造成墩身轮廓线死弯，影响工程质量。

由此可见，液压千斤顶除提升滑动模板结构外，还有纠偏的重要功能，所以应该高度重视千斤顶的维护、养修和调试工作。

以上曾经提到，桥墩混凝土对滑动模板的横向约束是比较弱的，因此滑动模板总是有偏斜的趋势，是在摇晃中向上滑升的，纠偏工作应该是贯穿墩身整个施工过程的。

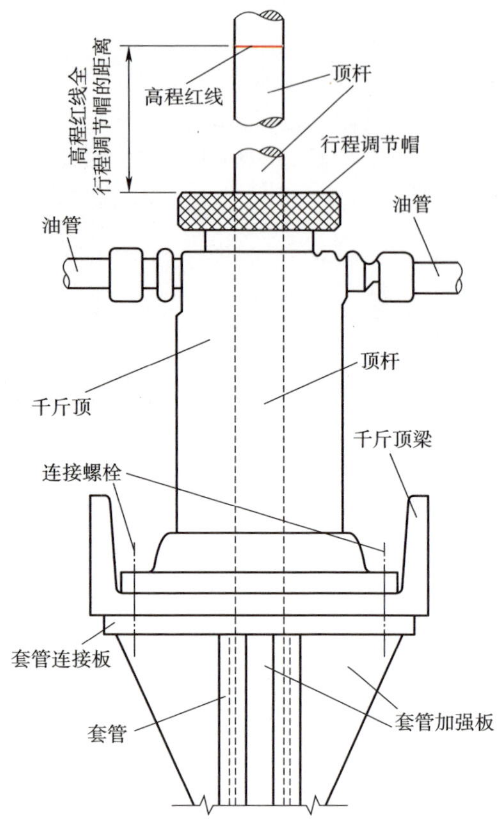

液压千斤顶与顶杆、套管的连接

除了偏斜之外，滑动模板结构还会发生扭转。对于圆形桥墩来说，扭转不会产生特别严重的后果，可是非圆形截面桥墩，扭转的影响就比较大，会造成建筑物棱边不直，并影响受力状态。对于圆形桥墩即使不会影响受力，但扭转也会造成诸多缺陷，比如套管在混凝土中形成的孔洞会呈螺旋线形，严重时会使回收顶杆抽拔困难，降低回收率，浪费钢材；又如，模板搭接处在桥墩表面拉出来的槽痕形成不规则的螺旋线形，有碍观瞻；扭转还会造成预埋件的位置不准确；等等。关于预埋件，下文还有阐述。

造成滑动模板扭转的原因，据分析有以下几点。

一是，套管制作精度不够，安装不准确，致使套管轴线不在铅垂位置，其导向作用使整个结构产生旋转（或偏斜）。

二是，模板发生故障，当墩身变截面时，由于丝杠的推动，模板直径变化，同时周长也随之改变。这时，模板分块间互相错动，如果因为某种原因，某块模板一侧错动受阻，仅只一侧错动，便会产生圆周方向的阻力，这个阻力便会形成扭矩使滑动模板发生旋转。

三是，工作平台上的集中荷载形成扭矩。工作平台上常会有重物（如操纵台、变电箱、电焊机等），在工作平台发生倾斜，而且重物却并不处于最低点时，就会产生一个较大的扭矩，该扭矩的方向是圆周向的，且朝向最低点。重物的重量越大，越靠近平台边缘，这个扭矩就越大。

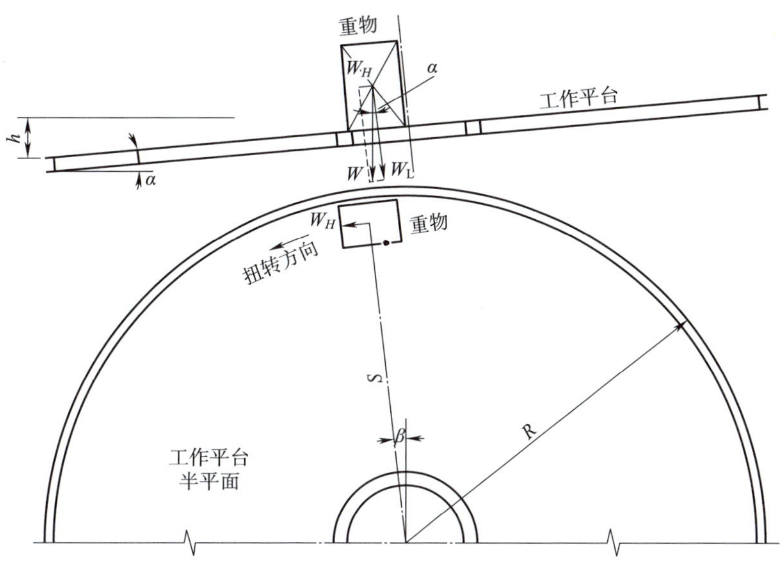

偏载使滑动模板扭转

此外，施工中一些不均匀荷载，如倾卸混凝土，堆放材料，作业人员拖动混凝土斗等，不仅会使平台倾斜，也会产生扭矩使平台旋转。

综上所述，防止或减少滑动模板旋转（包括偏斜）的注意事项是，把重物、材料在工作平台上分散均匀放置，而且将重物尽量靠近工作平台中心；重物要对称放置，如把最重的操纵台与配电箱对称放置；勤观测勤纠偏；提高滑动模板结构的制作精度与组装精度；尽量减少在工作平台上施加可能引起扭矩的施工荷载。如此等等。

十分重要的问题是安全。桥墩施工大部分涉及高处作业，必须严格按照国家的和行业的安全作业规程的有关规定进行施工。下页照片是朝河关 1 号大桥桥墩滑动模板正在施工，照片摄于 1975 年，虽然时间久远照片模糊，也能大体看到滑动模板下部满挂安全网。安全网可以说是人员安全的最后一道防线，在发生内外吊架脱落，或者脚手板断裂等意外时，能够保障人员不会从桥上坠落。

有些有关安全的细节是需要注意的。例如，螺栓的使用，为了施工方便，在设计滑动模板时，所有螺栓统一用一种规格，就是 M16，即公称直径 16 毫米，长度基本两种。这样不但组装时非常方便，随便拿起一个螺栓就可以用，而且构件加工时只需钻一种直径的孔，可减少工序，节省成本。再如，使用螺栓时需要在螺母下加垫圈，其作用是扩大接触面，防止损坏被紧固件，而且拧紧螺母时不会划伤被紧固件表面。一般情况使用平垫圈即可，可是在组装内外吊架时强调必须使用弹簧垫圈，这是因为弹簧垫圈有防止螺母松脱的作用，因为吊架用的螺母数量少，且吊架与人身安全息息相关。两种垫圈的形状见螺栓与垫圈图(a)和(b)。图(c)是螺栓、螺母、垫圈与构件的组装图，吊架的竖杆和横杆仅只一个螺栓连接，却担负着其上作业人员的重量，如果螺母松脱，后果严重，因此务必使用弹簧垫圈，以策安全。在图(c)中，如果是弹簧垫圈，螺母将其压紧后，垫圈的回弹力会将螺栓的螺杆拉紧，产生预应力，螺母不会松脱。要是没有弹簧垫圈的话，也有办法，就是用两个螺母，第一个螺母上紧后，用扳手固定，然后将第二个螺母用力上紧，这时螺杆也会产生预应力，螺母不会松脱。当然这个办法没有用弹簧垫圈效果好。

朝河关 1 号大桥正在施工

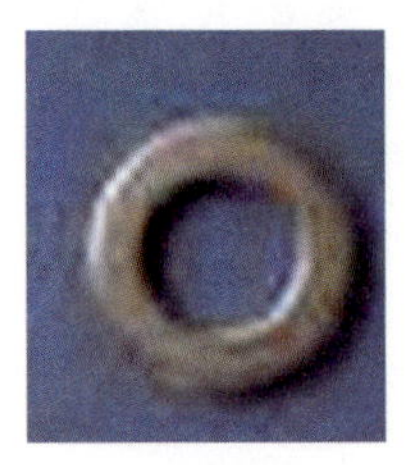

(a) 平垫圈

(b) 弹簧垫圈

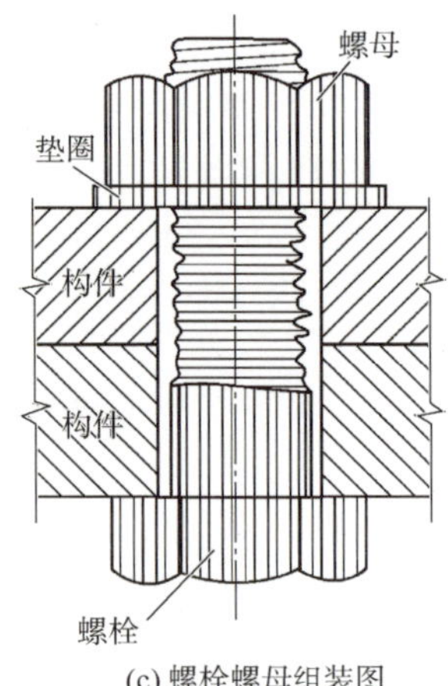

(c) 螺栓螺母组装图

螺栓与垫圈

关于预埋件，以下做一简单介绍。

基于滑动模板建造建筑物的特点，混凝土表面不会有突起物，但是设计要求混凝土表面必须有一些突起物，如空心桥墩内部应该设有检查梯，桥墩下部设有检查门，需要装门扇。检查梯在桥墩内部盘旋，以便检查时全面观察墩内情况。此外墩帽施工时需要临时安装支架。以上种种都需要在墩身混凝土表面埋设预埋件。桥墩上的检查梯等构件全部焊接在预埋件上。

为了准确方便地安装检查梯构件和支架，埋设预埋件时应该牢固，位置准确。为此，首先预埋件应该有一定厚度(安装临时支架的可以薄一些)；其次预埋件上焊接四个带弯钩的钢筋，以便牢固地与混凝土成为整体，安装检查梯的预埋件还可以

在上面的弯钩处加一根短钢筋，以使其更加牢固。预埋件形状及其埋设情况见下图。

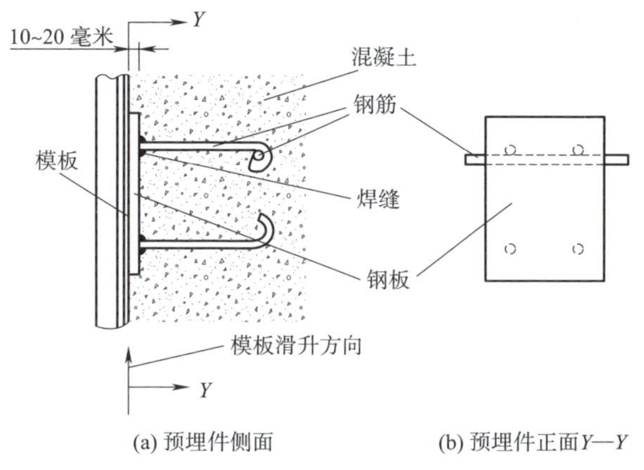

预埋件示意图

预埋件的位置应该基本准确，为此应该对照设计图进行其高程和圆周位置的测量。还不只如此，在模板下缘提升到高于预埋件时必须及时找到预埋件。因为在模板内，浇筑混凝土时，预埋件表面势必有一层薄薄的砂浆，如不及时找出并把砂浆清理干净，过后很可能难以找到，给后面工序带来很大不便。

在滑动模板设计、试制、施工中，笔者和同事们参加了全过程，这样不仅可以保障各个环节的质量，而且能够随时纠正设计的不足，及时采取补救措施。

笔者(右)现场为结构组装作技术指导(摄于 1975 年)

鉴于圆形桥墩滑动模板在朝河关 1 号、汾河 2 号、冬德萨拉、文中沟等几座大桥的施工中效益显著，该项目于 1978 年、1982 年和 1984 年三次获得省部级科技成果三等奖。

滑动模板施工方法在其他建筑物上的应用

凡是高耸的建筑物（等截面或变截面）基本上都可以使用滑动模板来施工。在铁路上常见的是水塔。许多车站使用水塔供水，水塔是不可缺少的建筑物。

火车站内供水水塔

滑动模板可以用来建造水塔的塔身。约在 1980 年，从汾河 2 号大桥施工完毕的滑动模板稍加改造后，曾经用来建造山西省农业展览馆的水塔塔身。后来，该滑动模板又修建了铁道建筑研究设计院（今中铁第五勘察设计院）院内的供水水塔塔身（现该水塔已经拆除）。其改造工作比较简单，只需将内外立柱的位置调整到适合水塔塔身的直径即可，通过计算，除了在辐射梁上相应位置钻一些孔之外，几乎没有其他加工工作量。此外，水塔的水柜还需要另外架立模板进行施工，这时工作平台可以作脚手架用。

近年来，有一种“倒锥壳”水塔得到较多应用，许多火车站内都有倒锥壳水塔。

倒锥壳水塔的塔身适合用滑动模板施工，且因其直径小，圬工数量少，等截面等，使得施工快速方便。倒锥形水柜还是需要支立模板进行施工。据介绍，水柜可以在地面利用“土模”在塔身下面浇筑，待其混凝土达到一定强度时，利用滑动模板上

倒置的千斤顶，通过接长的顶杆将水柜提升到设计高程就位，这样可以节省成本，但这个方法仅听过介绍，并没有实际观摩过，从原理来看这种施工方法是可行的。

火车站内的倒锥壳水塔

倒锥壳水塔上部

所谓土模，是在塔身下面挖出大小与水柜相当的土坑，并且夯实压光，代替模板浇筑混凝土，可以节省模板的施工方法。

很多工厂的烟囱是用滑动模板建造的，北京市内的第二热电厂[简称“二热”，今华电(北京)热电有限公司]的烟囱修建于 20 世纪 70 年代。这座烟囱高约 180 米，用滑动模板修建。烟囱上端是敞口的，加上烟囱是薄壁结构，每米高度的圬工数量少，这对于其施工是良好条件，因为可以把提升混凝土与其他机具材料的起吊设备安装在工作平台上，随着滑动模板上升，不再另外配备起重设备。这在铁路桥墩施工是不可能做到的。

二热的烟囱坐落在北京西二环护城河畔，这里绿柳夹岸，枝条婆娑，风光旖旎。近处有建于北魏的古刹天宁寺，寺中古塔建于辽代，高 58 米，可以说，烟囱对于周围的古迹、景观、民居等不会锦上添花。如果在现在修建二热，肯定不会把它建在这里，下页照片显示古塔与烟囱并未起到相得益彰的效果。但是，毕竟烟囱是最为适合应用滑动模板施工的一种建筑物，因此这种方法至今应用未衰。

落成于北京亚运会前(1990 年)的北京电视塔也是滑动模板的杰作，由于此种结构与铁路关系不密切，故不再赘述。

滑动模板甚至还可以用来建造楼房，北京西城区一座 12 层的居民楼就是用此法建造的。这座楼房主体结构用滑动模板建于 20 世纪 70 年代中期，是一种尝试。后来，由于种种问题，例如平面面积大，千斤顶不易同步，成本高及预埋件过多等等问题，滑动模板就很少用来建造楼房。

北京二热烟囱远眺(摄于 2013 年 9 月)

古塔与烟囱(摄于 2013 年 9 月)

天宁寺内景

用滑动模板建造的楼房

科学技术的发展为高桥墩施工创造良好条件

时至今日，铁路桥梁施工的各种装备、技术与 20 世纪六七十年代相比，已经不可同日而语。以前制约桥墩施工的起吊设备的提升高度问题已不复存在。

附着自升式塔式起重机（简称塔吊）的使用，为高桥墩施工开辟出广阔前景。这种塔吊的特点，一是起重臂长，示例的塔吊臂长可达 60～80 米，起吊钩上端的小车可在臂上前后走动并且吊臂可以作 360°旋转，覆盖面大；二是起吊重量大，在 10 吨以上；三是能够“自升”，控制室位于塔吊上部，其下面的一部分塔身是双层的，在需要加高时，操纵双层下面的液压千斤顶将外层顶升，然后从地面将加高的节间起吊上来就位，推进顶升后的塔身空位，在操作平台上上紧连接螺栓，就完成一节的接长；再有就是塔吊是“附着式”，塔身每隔一段高度就用塔吊配备的杆件与已经建成的建筑物连接，借以保障塔身的稳定性，这样塔身几乎可以无限制地加高，保证高桥墩的施工。

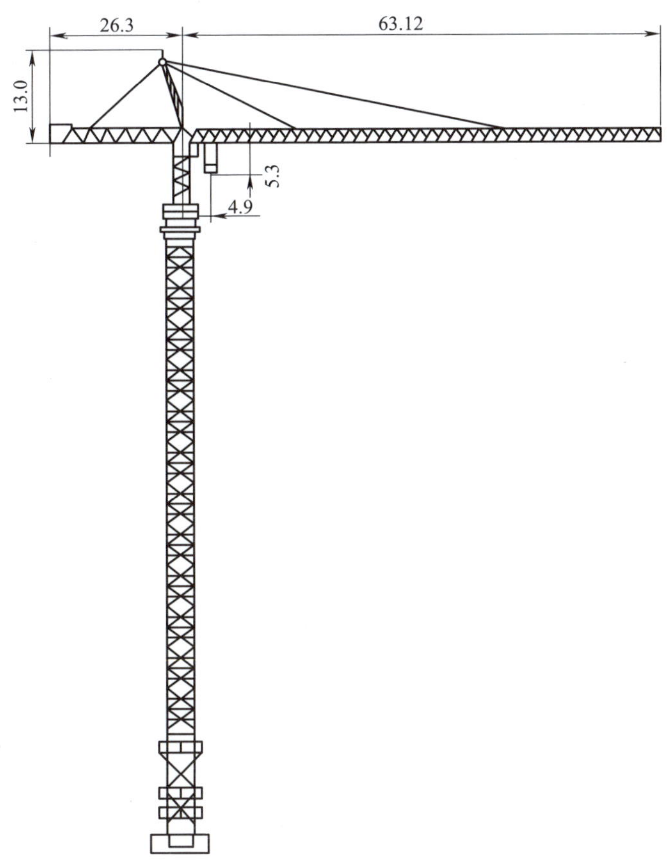

塔式起重机示意图（单位：米）

塔式起重机上部

云桂铁路是云南省通往广西壮族自治区境内在建中的一条铁路新线。起于广西南宁市的南宁东站，止于云南省昆明市的昆明南站，全长 715.8 公里。2009 年 12 月 27 日，云桂铁路在广西百色正式开工建设，2016 年已经建成。

云桂铁路南丘河大桥施工中的高桥墩，墩高 110 米。该桥是云桂铁路的重点工程。

由南邱河大桥的高桥墩可见，塔吊的塔身每隔一段高度就会与建成的桥墩联系起来，所以尽管塔身是细长结构，其稳定性是能够得到保障的。

云桂铁路南丘河大桥高桥墩

建造中的天兴洲特大桥索塔

再有一个典型实例就是天兴洲特大桥，其索塔高度达到 190 米，使用附着自升式塔式起重机施工完全可以满足施工要求。上页图中，索塔正在使用附着自升式塔式起重机进行施工，其左下角可以见到施工中的另一座索塔，也是借助附着自升式塔式起重机正在建造。

天兴洲特大桥是武广高速铁路（现京广高速铁路的武广段）跨越长江的斜拉桥，桥的主跨 504 米，居世界公铁两用斜拉桥跨度之首。

建成的天兴洲特大桥

总之，附着自升式塔式起重机的应用，为铁路桥梁高桥墩的建造开辟出广阔的前景。滑动模板施工的高度也不再受起吊设备的制约。

由前面介绍可以看出，滑动模板用作高桥墩施工具有种种优点，但是这种施工方法也存在一些缺点。比如，结构较为复杂，尤其液压系统（千斤顶、管路、操纵台等）需要频繁的维护调试；较高的造价，如果滑动模板倒用次数少，则不够经济；混凝土表面不够光滑平整，等等。

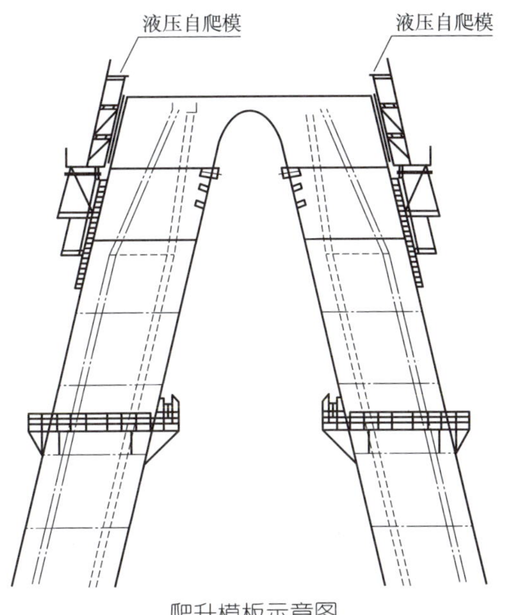

爬升模板示意图

针对滑动模板的缺陷，出现爬升模板和翻升模板。

爬升模板的模板与滑动模板相似，不同的是支架通过千斤顶支于预埋在墩壁中的预埋件上。浇筑好的墩身混凝土达到一定强度后，将模板松开，千斤顶向上顶升，把支架连同模板升到新的位置，模板就位，浇筑墩身混凝土。如此往复，逐节爬升，每次升高约 2 米。天兴洲特大桥的索塔就是用爬升模板建造的。

翻升模板一般由三层模板组成，并配有随模板升高的工作平台。当浇筑完上层模板的混凝土后，将最下层模板拆除翻上来形成第四层模板，以此类推，循环施工。

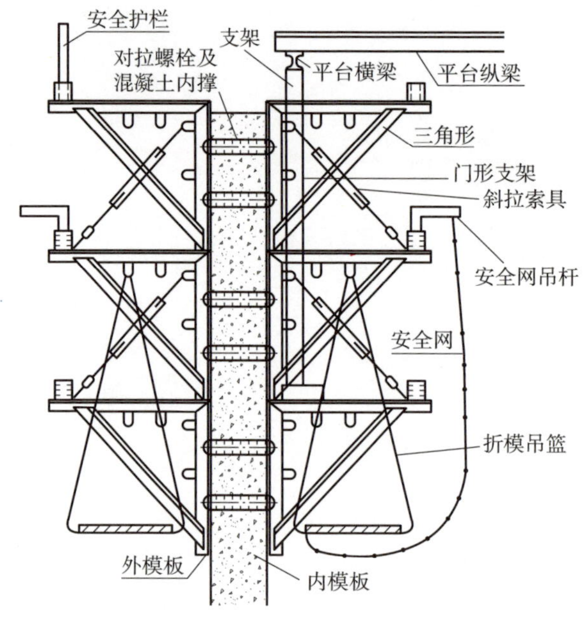

翻升模板示意图

以上两种模板都可以用来建造变截面，空心的或实体的各种平面形状的桥墩。

木制桥墩

木料也能用来建造桥墩？答案是肯定的，木料确实可以建造桥墩。早年，特别是在林区，往往使用木排架桥墩。此外，在抢修铁路时，偶尔也会使用木料做临时桥墩。笔者在修建贵昆铁路时，为了运输机具材料等，先建公路便线，跨越山谷也曾经修过木排架桥。木排架桥结构中的每一个杆件都是由原木制成，原木要挑选直顺、木质坚固没有破损且直径长度合适者。

在铁路抢修时有时也会使用枕木垛当作桥墩；遇水害路基被掏空，来不及填筑土石，临时以桥代路也会架枕木垛。在枕木垛上面架扣轨梁，再铺设轨枕、钢轨，以便列车限速通过。

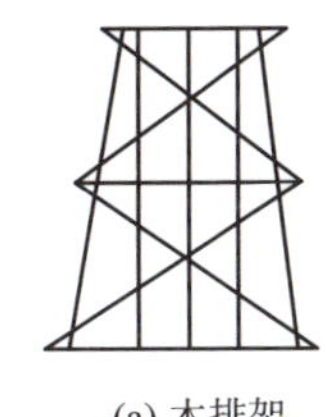

(a) 木排架

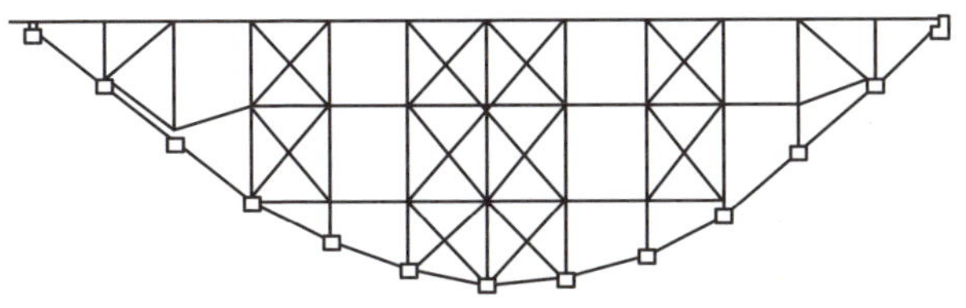

(b) 木排架桥

木排架桥结构示意图

可用于木排架原木

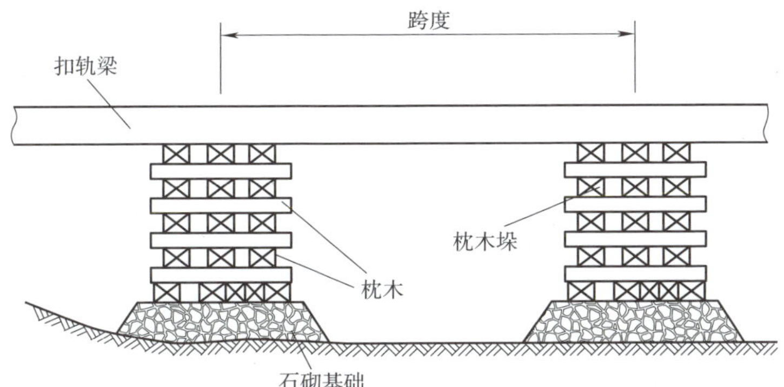

枕木垛桥墩

木排架杆件间的连接，可以在杆件交叠处钻孔，用长螺栓上紧；木排架使用时间短时可以在杆件对接处打入扒钉加以固定。扒钉是一种两端有尖刺的钢制固定件，用来将两根木材固定在一起。扒钉一般用钢筋打造。

历史的长河流淌到今日，使用使用木材制作桥墩已经成为明日黄花。一是，木材是稀缺资源，为保护环境，砍伐林木为法律所不容许，铁路干线已经没有木枕，枕木垛则无从谈起；二是，木料强度低，容易腐朽，耐久性差；跨度小，一般在 6 米以下……因此，当前即使抢修也不再搭设木枕桥墩。

用螺纹钢筋打造的扒钉

漫话钢材桥墩
——天生桥特大桥的昨天与今天

中外的铁路桥墩，有为数众多的钢材质地的。国外的姑且不论，国内也有一些，大多是早年修建的。钢制桥墩大多数采用钢塔架，因为钢塔架是桁架结构，受力合理，可以最大限度发挥钢材的力学性能；钢塔架的构件能够在在工厂机械化制作，构件多数是直杆运输方便；现场拼装，即可保证质量，又能缩短工期；结构轻巧，对地基要求低。但是钢塔架墩维修不便，易于锈蚀，故此 1949 年前修建的钢塔架桥墩大部分已经拆除改建。

刁家川桥钢塔架墩

回头沟桥钢塔架墩

1952 年建成的陇海铁路天兰段刁家川桥和回头沟桥的钢塔架墩分别见上页照片，回头沟桥最高桥墩为 25 米。

1949 年以后修建的，至今仍在使用的钢塔架桥墩当推著名的贵昆铁路天生桥特大桥的桥墩。

天生桥特大桥的 6 座钢塔架墩

天生桥特大桥位于贵昆铁路六枝至沾益段，云贵交界可渡河的天生桥上。该桥 1958 年底动工修建，1961 年停工，1965 年复工，1966 年建成，成为全国最高的钢塔架桥。

天生桥特大桥全桥布置见下图。4 号～9 号墩是钢塔架墩，其余为混凝土实体墩。之所以采用钢塔架墩的原因是，可渡河流至此处成为暗河，暗河上是破碎石灰岩的天生桥桥体，承载力软弱，因此暗河上方采用轻巧的钢塔架墩。其中，最高的 6 号墩高度 43.59 米。

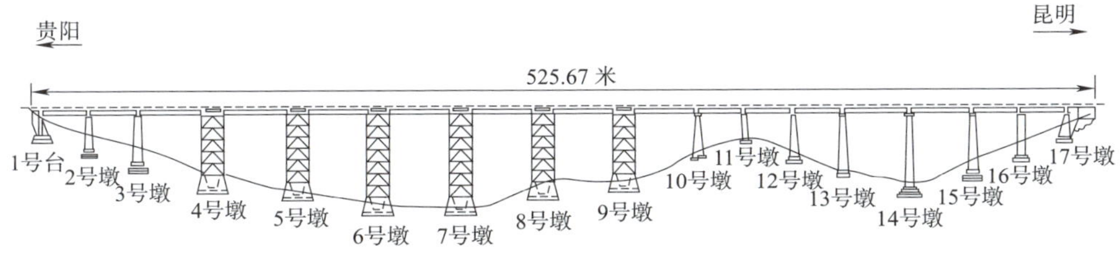

天生桥特大桥全桥布置图

钢塔架由原铁道部专业设计院设计，铁运兵第五师的施工，杆件为沈阳桥梁厂制作，通过铁路运输到安顺车站，再用汽车转运到工地。全部钢塔架的安装、铆合仅用两个月时间(1965 年 9 月至 11 月)。杆件起吊安装共用三种方法，一种是龙门式脚手架立在桥墩两侧拼装(9 号墩)；一种是独脚式脚手架立在塔架内部拼装(4 号、6 号、7 号和 8 号墩)；另一种是在塔架内悬空兜底独木扒杆拼装(5 号墩)。

天生桥特大桥自建成至今运营近 50 年无恙，事实证明，对于地基不良，墩身又高的桥墩，采用自重较轻的钢塔架是适宜的。

贵昆铁路经过云贵高原腹地，翻越乌蒙山，地形、地质、气候等工程条件恶劣，20 世纪 60 年代的科学技术水平与现在已远远不可比肩。当时六枝至沾益段线路标准低，运能小，且目前路基、桥隧老化致使病害严重，已经不能满足需要。于是，2007 年开始修建新的六沾铁路。

六沾双线铁路东起贵州六盘水车站，向西途经水城、威宁、宣威、沾益等县市，全长 212 公里，2007 年开工，2012 年建成。六沾全线重难点控制性工程是新的天生桥双线特大桥(以下简称“新桥”，贵昆铁路天生桥特大桥简称“原桥”)，新桥桥长 669.5 米、最大跨度 128 米，最大墩高 73 米(4 号墩，该桥墩台编号与原桥不同，贵阳端的桥台编为 0 号，后者则编为 1 号)，全桥布置见下图。

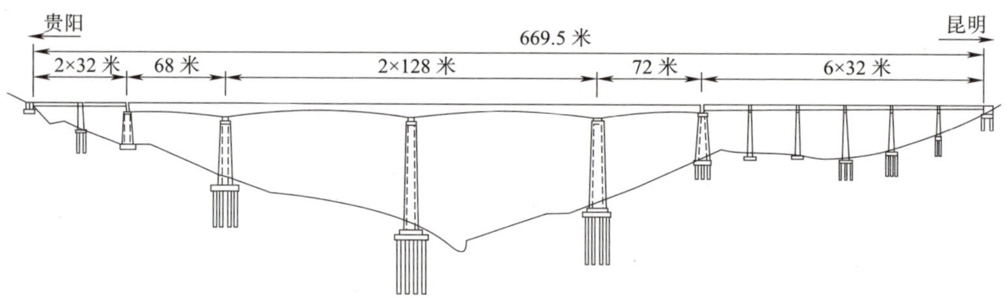

六沾铁路天生桥双线特大桥布置图(单位：米)

新桥与原桥并行，二者相距 70 米，见下页照片。

为了适应承载力软弱的地基，位于暗河上方的 2 号～6 号墩采用混凝土空心墩，而 3 跨～6 跨的梁部采用预应力箱形混凝土连续梁。这两种结构形式都能够比较充分地发挥材料的力学性能，从而达到减轻结构重量的目的。为此，一方面设计单位要增加大量的分析计算和绘图工作，这在拥有发达的计算设备和先进的分析理论的今天，完全可以做到；另一方面，施工单位要有相应的先进的施工设备和技术，如前所述，73 米的高桥墩的施工完全不成问题，另外，现场浇筑跨度 128 米的预应力箱形混凝土连续梁在今天也是能够完成的。

无独有偶，在可渡河下游——北盘江上，距离天生桥特大桥大约一百多公里处，修建一座桥，就是水柏铁路的北盘江大桥。

(a) 老桥和新桥并行

(b) 老桥正在通过列车

并行的两座天生桥特大桥

水柏铁路全长 118 公里，北起贵州六盘水市，与株(洲)六(盘水)复线、贵(阳)昆(明)线并进而与内(江)昆(明)线相连；南至贵州盘县柏果镇，与南(宁)昆(明)线相连。该铁路于 1997 年 12 月开工，2001 年 12 月 16 日全线接轨。

水柏铁路是我国桥隧比例最高的铁路之一，桥隧总长占铁路线的 63%，其建设难度可想而知。

北盘江大桥主跨 236 米，桥面至河床底高差 280 米，是目前世界上同类结构中跨度最长的铁路桥，也是我国最高的铁路桥之一。

北盘江大桥距水面之高，姿态之美妙，世所罕见，令人叹为观止。

北盘江大桥远眺

在铁道科学技术迅猛发展的今天，跨越江河沟谷，修建高桥墩已经不是唯一的选择，像北盘江这样的深谷，完全可以一跨越过。这是经过慎重与多方面的涉及技术、经济、社会等情况比选的结果。

面对当前高超的科学技术，先进的材料、工艺、设备，在施工中相应地，必须制定出周密细致的计划，详尽缜密的施工组织，以及严格周到的规章制度。不能忽视的是，当前的技术与设备并非“傻瓜机”，施工的管理工作者、技术工作者、现场操作者，需要具备娴熟的技术、技巧，机智灵活的头脑，以及一定的工程实施经验，才能达到与之相适应的目的。

从北盘江江底仰望北盘江大桥

（文/图　安鸿逵　王　磊）

作者简介：王磊（1940—），北京铁路局高级工程师，1962年毕业于包头铁道学院。早年曾在贵昆、成昆、襄渝铁路及太原铁路局从事技术工作，曾任北京铁路大修工程总公司总经理等职。

参考文献

[1] 安鸿逵. 桥墩施工的一项新技术[J]. 铁道兵科技通讯，1978(3)1～5.

[2] 安鸿逵. 柔性桥墩[J]. 铁道兵科技通讯，1978(9)：18～20.

[3] 安鸿逵. 滑动模板扭转原因的初步分析[J]. 铁道施工技术，1985(6)：14～16.

第二部分　渤海之滨的璀璨明珠

（建成的于家堡车站地面部分）

（夜幕下的于家堡车站）

于家堡，原是天津市塘沽滨海新区一座名不见经传的小村镇，位于天津市滨海新区海河北岸，东西南三面临海河。现是滨海新区中心商务区的核心地区。

于家堡商务核心区效果图

下图是于家堡金融区平面图，图中红色标示出于家堡车站的位置。

于家堡金融区平面

作为于家堡金融区建设的重要组成部分，京津城际铁路延伸线已经建成，该线起点为天津站，讫于于家堡站。京津城际铁路是中国大陆第一条高标准、设计时速为350公里的高速铁路，运营里程120公里，2008年8月1日开通。京津城际铁路延伸线（天津—于家堡）全长44.815公里，按时速350公里标准建设。这条铁路由中国铁路设计集团（原第三勘察设计院）设计，建设单位为津滨城际铁路有限责任公司，施工单位为中铁建工集团、中铁十八局、中铁六局和中铁十六局集团公司及中铁电气化集团、通信信号公司、铁科院等，2009年9月开工，2015年9月20日开通运营。

京津延伸线位置（红色线路是京津延伸线）

京津城际铁路延伸线建成运营后，从北京乘动车56分钟即可到达于家堡，可谓异常快捷、方便、舒适。

其中塘沽至于家堡新建3.3公里（准确长度3350.5米），但是工程难度非常大。其中，包括550米路堑，552米明挖隧道和2248.5米盾构施工的隧道。

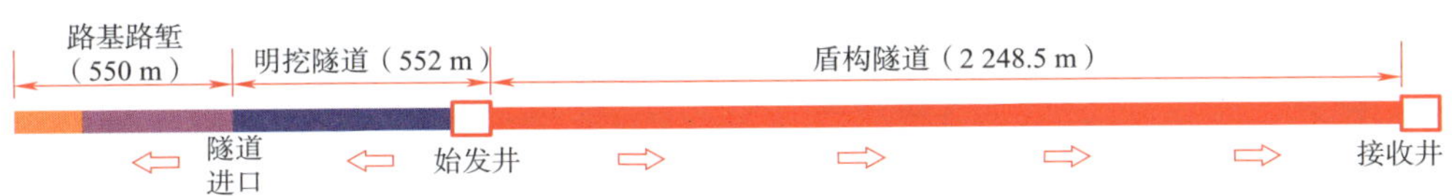

塘沽至于家堡铁路工程示意图

在塘沽至于家堡铁路工程示意图中，左侧是塘沽站，右侧接收井与于家堡地下车站相连接。从中可见，塘沽至于家堡这段线路先建造盾构始发井，在井下组装盾构机，沿箭头方向用盾构法施工解放路隧道，与此同时，和盾构施工的相反的箭头方向修建552米明挖隧道和550米的路堑路基。

于家堡车站是我国在沿海地区修建的第一座高速铁路全地下车站。图中的盾构隧道叫做解放路隧道，是我国首座用盾构施工的高速铁路隧道之一，于2014年5月29日胜利贯通。

修建于家堡地下车站的围护结构地下连续墙和工程桩

于家堡车站分两层，站房建筑面积86168平方米。地下一层是候车大厅，供旅客候车和小憩；地下二层是站台层，站台为3个站台6条线路，线间柱是重要的承重结构。

车站地下部分的横剖面结构见下图。由于地下一层顶面基本就在原地面线上，上面有可能还会修建停车场等其他建筑物，所以顶面有一定荷载，设计单位将顶面设计成钢筋混凝土三连拱的形式，每片拱的跨度20米，这无疑会给施工增加难度。实际上，对于车站其他部分来说，其工程难度更大。

地下二层站台层效果图

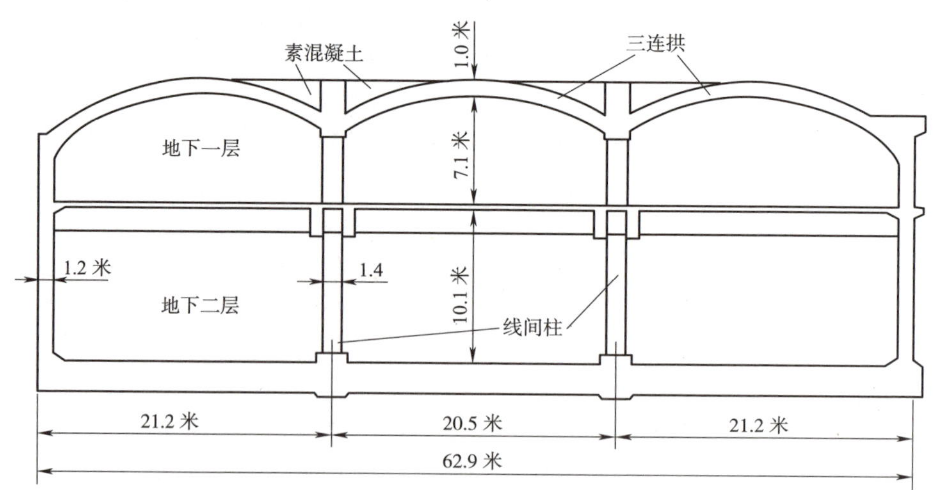

车站地下部分横剖面示意图(单位:米)

修建车站地下部分的难度主要是结构的超大尺寸，加上复杂的地质情况，以及车站很高的功能要求等等因素交织在一起所致。

由于车站所在的地区淤泥层和砂层超厚，而且地下水位高，地下二层底面深达20米，采用一般的明挖法施工是不可行的，经过多方比选确定采用盖挖法。

地下二层主体结构完工后的情况

采用盖挖法施工，首先必须把车站需要开挖的范围围护起来，这个围护结构就是地下连续墙。地下连续墙的材质是钢筋混凝土，墙厚1.0米，深度60～64.5米。

建好的地下连续墙如同一个巨大的无盖无底的盒子，这个盒子内部空间平面宽度是80米，长度超过470米，从横剖面可见地下连续墙与扩孔桩的深度。工程难度可见一斑。

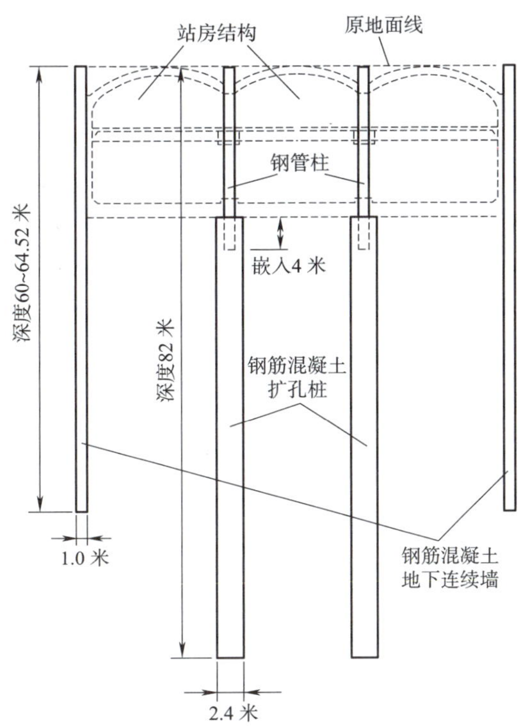

地下连续墙和扩孔桩横剖面

由地下连续墙和扩孔桩横剖面中，显示出地下连续墙和站房地下部分的相互关系，从中可见，在地下连续墙的围护作用下，站房结构得以安全施工。

由于于家堡地区淤泥层、砂层超厚，地下承压水位高，地质条件极差，致使地下连续墙施工难度大。

为了保证地下连续墙施工的顺

利进行，中铁建工集团公司特采取一系列的技术措施。比如，先做“试成槽”，通过试成槽取得相关技术数据；再如，为了防止地下承压水绕流和接缝处渗漏水，采取高压旋喷工艺；等等。

与地下连续墙施工的同时，要进行站房工程桩的施工。站房工程桩下部是钢筋混凝土扩孔桩。根据当地的地质情况、工程桩所承受的荷载等等因素，设计单位确定其直径为 2.4 米和 2.2 米两种，深度达 82 米。

工程桩采用进口的大型旋挖全液压可视可控扩孔 LS-120RH 型和 SWDM 型旋挖钻机，其优点是成孔深度深，垂直度高，成孔效率高等。

由车站地下部分横剖面示意图可见，工程桩横向间距是 20.5 米，而其纵向间距是 9 米，这样总共要打超过 100 根的桩，工作量之大可以想见。扩孔桩桩底距地面深度 82 米，顶部至站房结构底，上面插入钢管柱。钢管柱直径 1.4 米，下部嵌入扩孔桩 4 米，以保证二者之间的牢固连接。钢管柱上部与原地面线齐平。

钢管柱的作用，一是把站房结构的荷载传递到扩孔桩，进而传到地基；二是完工后，经过表面装饰装修成为“线间柱”。

从于家堡车站纵剖面的示意图，可以见到车站纵向长度是 450 米，加上端头设备间，其总长可达 468 米。

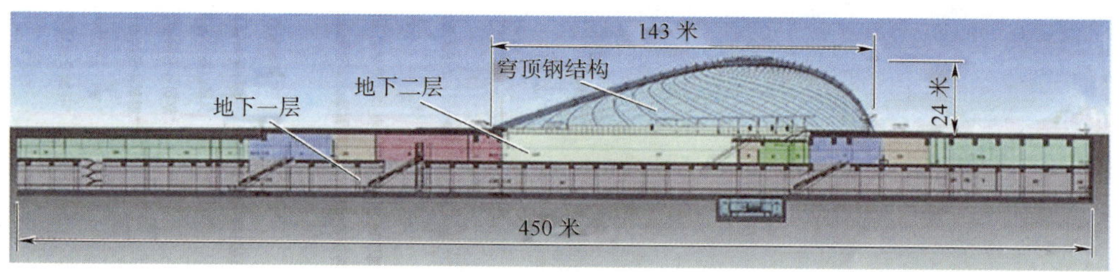

车站纵剖面示意图

工程桩的施工工序繁多，质量要求高，技术复杂。首先，根据设计图放桩位线，定出桩位中心十字线；然后，钻机定位，并将钻杆中心与桩位十字线中心对齐，利用钻机自身附带的垂直仪调整好钻杆的垂直度并用经纬仪复测，保证垂直度在 3/1000 范围内；再后，埋设钢护筒，钻机施钻、成孔、扩孔、清孔；再然后，安装钢筋笼、导管，二次清孔，灌注混凝土。

其中，钢护筒壁厚 12 毫米，直径比桩径大 200 毫米，高度 4 米，其埋置深度超过 3 米，其中心应与桩位十字线中心重合，误差不大于 20 毫米。埋置完毕后，向护筒内注入稳定液，然后驱动钻机钻孔，边钻进边加注稳定液。钻到底部后要更换扩底铲斗扩孔，由 2.4 米扩至 3.2 米。之后清孔，吊放钢筋笼。

钢筋笼制作和吊放难度大。钢筋笼长度达 75.6 米，分两节制作，分节长度分别为 38 米和 37.6 米。吊放钢筋笼时，用履带吊抬吊。

由钻孔扩孔示意图中可见每根桩进行两次扩孔。中间扩孔的目的是增加桩与地层的摩擦力；底部扩孔的目的是增加桩的底面积，这都是为了增加桩的承载力。

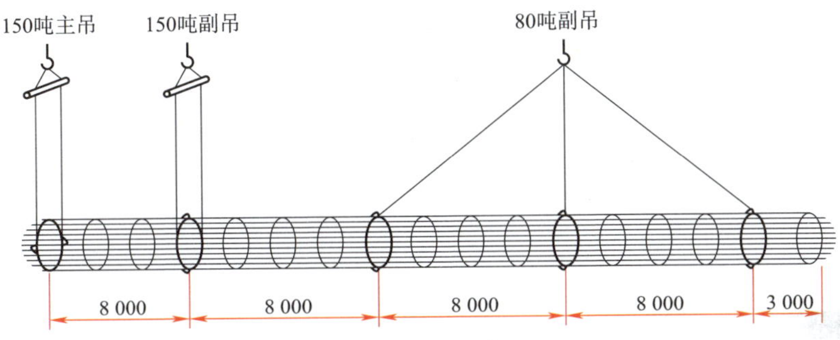

履带吊抬吊钢筋笼(单位:毫米)

钢筋笼吊放到位后，即可安装灌注混凝土的导管，导管直径 300 毫米。导管应在钻孔内居中稳步吊放，以防卡挂钢筋笼，导管底距钻孔底为 300～500 毫米。

导管安装好后，按施工规范的要求进行二次清孔。清孔后 30 分钟内灌注工程桩(扩孔桩)混凝土。至此，一根桩施工完成。

上述工序需要重复百余次，完成一百多根桩的工程。

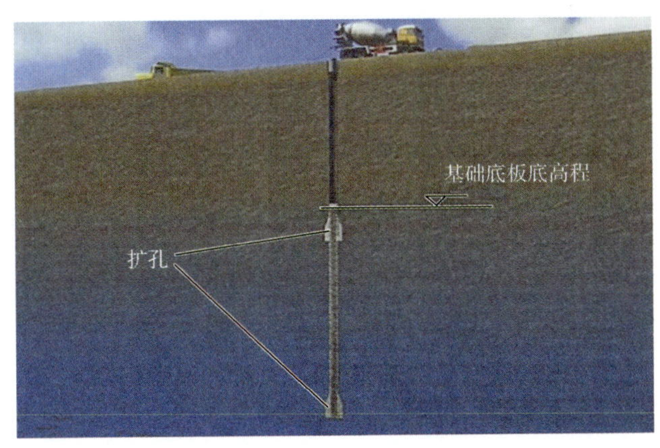

工程桩钻孔扩孔示意图

地下连续墙与工程桩全部完成后，先进行基底加固，然后即可进行车站站房主体结构的盖挖法施工。

盖挖法施工修建车站站房

车站设备和办公用房主体最先修建顶板三连拱结构，每个拱形的跨度是 20.5 米左右，拱的厚度是 1 米。在这之前或同时还要做出连接和支撑三连拱的大梁，大梁为钢筋混凝土材质，高 3.8 米，宽 1.8 米，位置在工程桩的顶端，纵的方向和车站等长，纵跨整个车站。

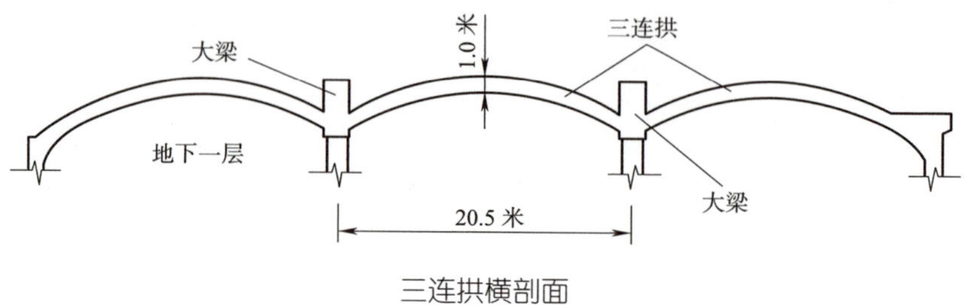

三连拱横剖面

修建三连拱需要支立临时架体和模板。由于结构荷载大，形式特殊，对临时架体的安全稳定性要求很高，施工单位技术人员特地进行分析计算，设计出定型钢架和弧形梁。

支立好临时架体和模板后，就可以施作三连拱的钢筋架立与混凝土灌注。从三连拱施工图中可见，拱下的地下一层部分土体已经挖除，底板混凝土和工程桩已施工完毕。从中可见，站房主体完工后露出地面的地下连续墙与三连拱结构顶面。

拱的临时架体和大梁钢筋

三连拱施工

地下连续墙和三连拱

地下连续墙和三连拱施工完毕后，在地下连续墙和三连拱的保护下，地下一层的开挖得以安全开展，顺利地进行。

待挖到地下一层的底板，也就是地下二层的顶板处时，就可以进行该处底板的施工。

二层顶板由过梁与楼板组成。施工时先做过梁，然后再做楼板，已经做好的过梁形成框架，用以支承楼板。

地下二层土方开挖的情况见下页图。图中显示，装载机挖土，装在翻斗汽车上，将渣土运往地面。

当挖到车站底面设计高程时，必须对挖出的底面进行地基加固，之后就可以修建地下二层的底板和站台。

地下二层顶板的过梁

地下二层开挖图

整个开挖深度距地面 21 米，由于地下承压水位高，地质条件差，全部施工过程都要采取降水措施。

至此，车站的土建主体工程基本结束。

车站穹顶钢结构

由前面车站纵剖面示意图可见，于家堡车站露出地面的部分是一个穹顶钢结构。该结构的纵向长度 143 米，横向长度 82 米，矢高 25 米。

穹顶钢结构体积庞大，结构新颖，形状是由 36 根钢梁按正反螺旋交织而成。从施工角度看，焊接质量要求高，精度控制难度大，因而施工安全风险大，经查新，

目前是世界上唯一一座高铁车站单层网穹钢结构。

在车站建成之后，贝壳状穹顶钢结构已成为于家堡金融区一道亮丽景观。不仅车站的内部的效果令人耳目一新，白昼时地下一层可以自然采光，能够节约大量电能，夜晚车站候车大厅的灯光透过膜结构成为于家堡商务核心区三面临水的一颗明珠。

车站地下一层候车大厅效果图

经建设单位组织国内钢结构方面的知名专家多次研究论证，穹顶钢结构的施工采用“周围散拼，中部提升，中间嵌补”的安装方案。

根据安装方案，首先进行支座和底环梁的安装。

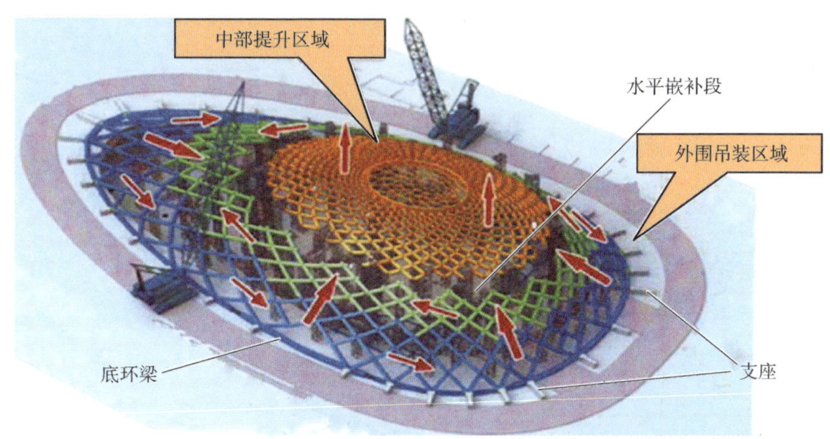

穹顶钢结构安装方案示意图

支座的作用，一是支承底环梁，实际支承整个钢结构的重量；二是借助支座内部的双向铰实现钢结构纵向和横向因温度变化而导致的冷缩热涨。

(a) 支座和底环梁

(b) 支座、底环梁和穹顶

穹顶钢结构的支座和底环梁

在此之后，同时进行散拼区和提升区杆件的拼装。

拼装散拼区的杆件(局部)

拼装散拼区的杆件

在散拼区，将工厂预制好的杆件按照设计图由底环梁开始，用起重机逐一吊装就位，相互焊接，完成周圈散拼。上图就是散拼区将要到达设计高程的情况。

与此同时，提升区的杆件在地下一层散拼区的下方进行拼装焊接，但是两区之间需要留出一圈杆件暂时不参加拼装，这一圈称为“水平嵌补段”。

散拼区和提升区拼装完毕，则可进行提升区的整体提升。

提升区准备提升

在整体提升前，必须在中间先架设一些支架，这些支架的作用，一是在提升过程中防止提升区整体结构的摇摆；二是在提升区结构达到设计高程时，将其整体重

量由支架临时支撑。

接着进行水平嵌补段的焊接，把散拼区和提升区焊接成为一个整体，穹顶钢结构初具规模。

拼装完成卸载前穹顶钢结构仰视的照片

到这时，穹顶钢结构拼装焊接工作已经基本完成，在确认各个焊接点达到验收标准后还有一项重要工序，那就是穹顶钢结构的“卸载”，因此支架尚不能拆除。

卸载完成穹顶钢结构仰视的照片

卸载是将穹顶钢结构从支架受力状态，转换到自由受力状态的过程，即结构由施工安装状态过渡到设计状态。由于穹顶钢结构跨度大、构造复杂，经过多次分析论证后，卸载采取“分区、等量、均衡、缓慢”的原则来实现。为了控制卸载过程中结构的变形，降低风险，将支架的 94 个支撑点划分成 5 个卸载区，分为 16 级卸载，根据计算机模拟计算结果，每级卸载量不得超过 10 毫米。关于“卸载”，以下还有叙述。

从穹顶钢结构主体结构照片的远处可见海河静静地向东流淌。

穹顶钢结构完工后的俯视照片

至此，于家堡车站主体工程基本完工，余下是铺轨、四电、信息化、附属结构及装饰装修等等工程，这些后续工程的工作量也很大，但工程难度和风险与主体工程不能相比。由车站剖面效果图可以见到地下二层、地下一层、穹顶钢结构与附属结构的相对位置。

于家堡车站的建成，给于家堡金融区在交通和发展上带来极大的便利，现已成为该地区标志性建筑之一。这座车站像渤海之滨的一颗璀璨的明珠一样熠熠生辉。

于家堡车站剖面效果图

建成后的京津城际铁路延伸线简述

京津城际是我国第一条设计时速 350 公里的高速铁路，自开通运营至今，经受住了运营的考验，对京津两地经济和社会的发展起到前所未有的支撑作用。2015 年 9 月建成通车的天津至于家堡线是京津城际高速铁路的延伸线，这条线经过实际运营考验，证明质量良好。京津城际延伸线的建成与开通运营对于天津自贸区的发展起到带动作用，甚至对京津冀一体化也有促进作用。

作为京津城际延伸线建设的管理者，笔者深知这段全长不足 45 公里的线路的修建难度。线路从天津东站引出，由无砟轨道、有砟轨道、特大桥、明挖隧道、盾构施工隧道和于家堡车站等工程组成，被誉为“高速铁路建设的博物馆”。

特别是于家堡高铁站，地下两层中的一层是候车大厅，二层为乘车层，设三站台六条轨道；地面层是穹顶钢结构，由 36 根正反螺旋编织而成的单层网壳钢结构，是目前世界上跨度最大的单层网壳钢结构。

由南向北鸟瞰于家堡车站

建成的地下一层候车大厅宽敞明亮

建成的地下二层站台

一层进站通道

拼装完毕并经过卸载的穹顶钢结构(由东向西看)

结构形式保证穹顶钢结构的自由受力状态

结构的自由受力状态就是在不承受外界荷载时,结构各个部分不出现较大内力的状态。

要达到这个目的,首先从结构形式上进行保证。整个结构并不是直接放置在混凝土基底上,而是通过钢结构的底环梁和支座与站房混凝土结构顶板相连接。底环梁把钢结构所受的力通过支座传递到混凝土基座上。

穹顶钢结构共有 36 个支座承担整个钢结构的竖向荷载和水平推力,并传递到结构上。

支座的构造类似两个桥梁的活动支座,一个是竖直的,另一个是水平的。在钢结构有少量变形,比如因气温变化导致钢结构出现胀缩变形时,支座的少量移动便

可以消除因钢结构胀缩造成的内应力。从而保证穹顶钢结构的自由受力状态。

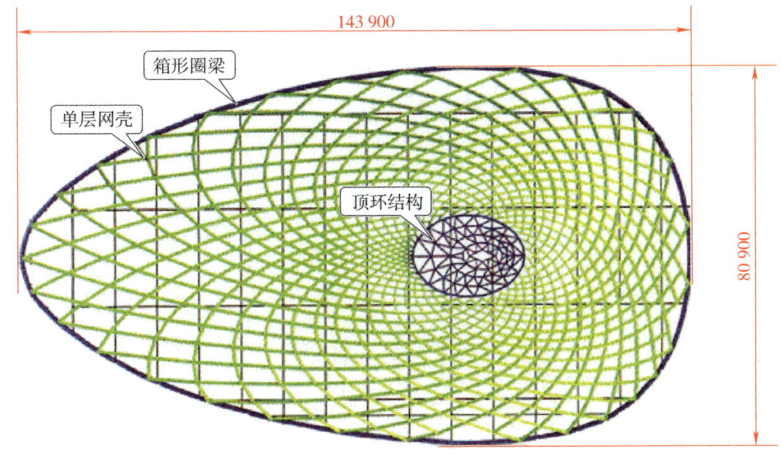

(a) 平面图

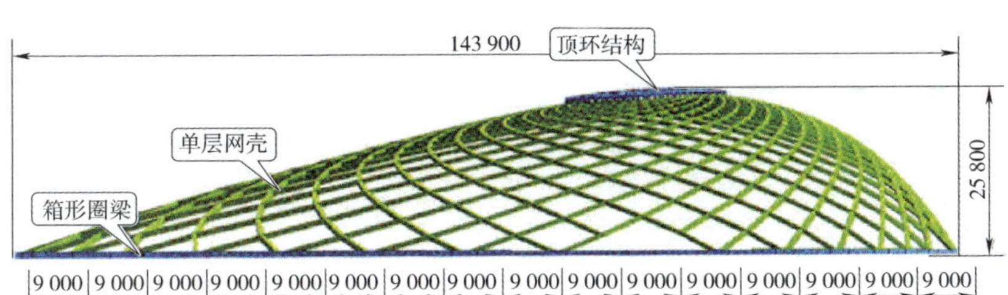

(b) 立面图

穹顶钢结构示意图(单位:毫米)

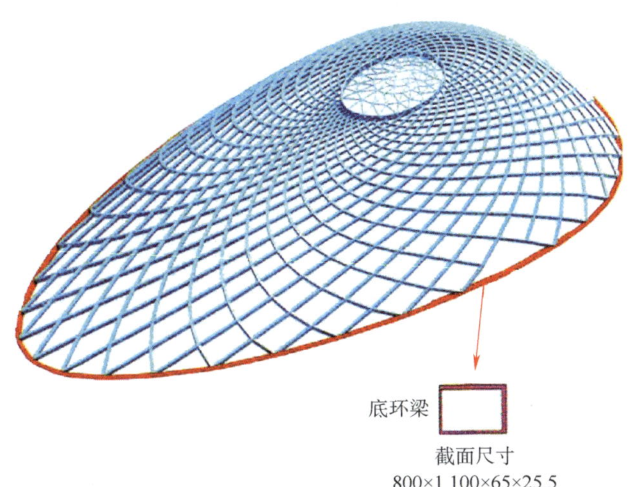

穹顶钢结构的箱形底环梁(单位:毫米)

底环梁和支座(为了说明问题,此图重复)

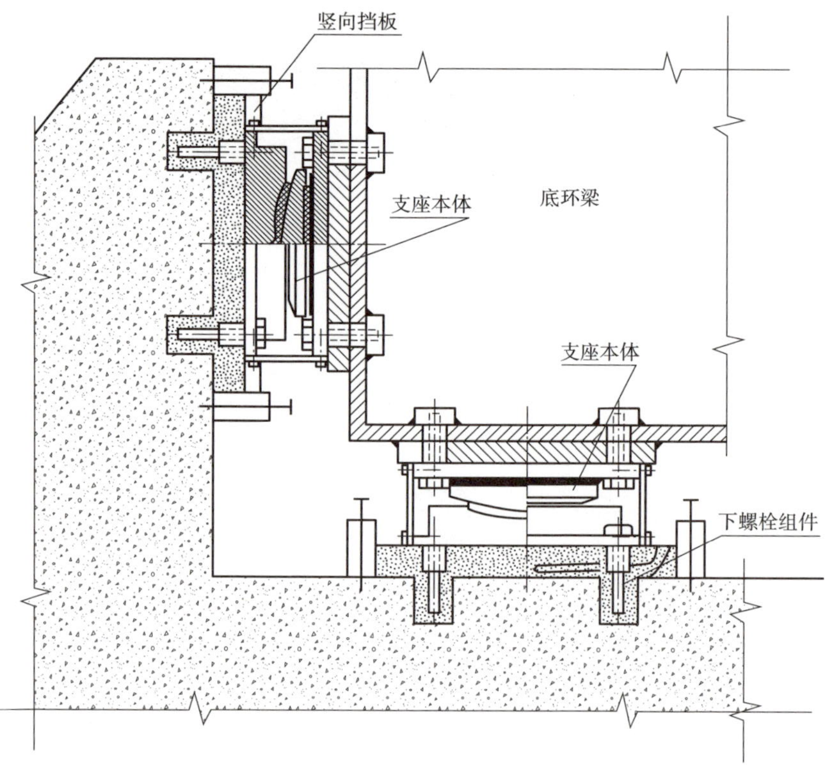

支座结构图

施工过程保证穹顶钢结构的自由受力状态

穹顶钢结构是分三部分进行安装的。第一部分是周围散拼吊装区(散拼区),首先在基底上按照设计位置安装支座,然后在支座上拼装底环梁,接着就用起重机进行这部分杆件的吊装组拼,同时用全站仪对杆件的空间位置进行控制定位,并设临时支撑,详见前面“穹顶钢结构安装方案示意图”。

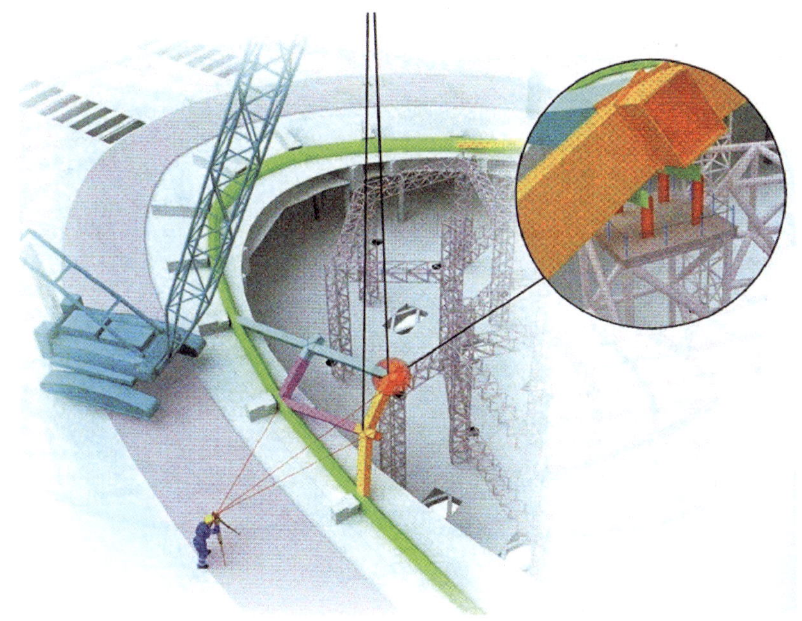

杆件吊装与测量定位

第二部分是中部提升区,其提升总重量为 959 吨。首先在基底上按照设计图的形状进行组拼,然后整体提升。提升共设 21 个提升点,其中边缘 17 个提升点各设置 1 个提升塔架,每个塔架上放置 1 台提升力 100 吨的液压千斤顶;中间设置 4 个塔架,塔架顶用水平联系支撑连接,中间塔架上设置提升力 200 吨的液压千斤顶。通过计算机控制所有液压千斤顶实现同步提升将组拼好的这部分结构吊装到设计位置。

第三部分是水平嵌补段。中部吊装区即组拼水平嵌补段,就是把散拼区与中部吊装区拼接在一起的工序,这道工序完成后整个穹顶钢结构组拼完毕。

以上这三道工序完成后,就要进行“卸载”。卸载是钢结构从支撑受力状态转换到结构整体受力状态的过程,是一道关键的工序。

“卸载”要经过一系列复杂的计算,繁复的操作与精密的监测才能完成。卸载之后拆除塔架,穹顶钢结构便处于自由受力状态,拼装即告顺利完工。

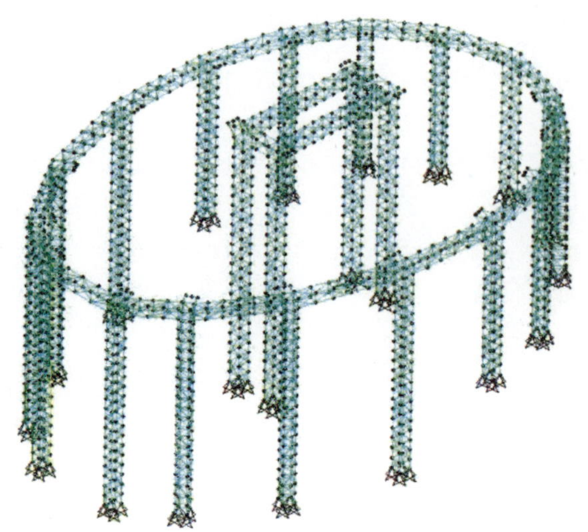

中部吊装区 21 个塔架布置图

穹顶钢结构的膜结构技术

拼装好的钢结构是镂空的网状结构，下一步就要进行膜结构施工。

对于膜材料有很高的要求，首先要有很好的外部观瞻和内部视觉效果，其次要轻盈、通透。

膜结构外表面材料主要是 ETFE 膜（乙烯-四氟乙烯共聚物）和透明玻璃、铝合金等，整体颜色呈现柔和的半透明白色，使得整个建筑如同倒扣在绿化广场上的贝壳，与周围景观相映成趣，美轮美奂。

贴膜后的穹顶钢结构外观

ETFE 膜自重轻，耐候性、气密性和耐化学腐蚀性强，且不会自燃。膜中间设有气枕结构。气枕应始终保持充气状态，由特定的机械装置提供干净除湿的空气。ETFE 膜虽是半透明膜，通过膜的表面增加镀点而起到控制透光率的作用。

ETFE 膜的厚度系根据计算确定，其最小厚度为 200 和 250 微米。

穹顶钢结构的变形健康监测

于家堡车站的钢结构穹顶工程是最大的单层网壳钢结构建筑，结构受力复杂，不确定因素多，施工难度大，工艺复杂，因此在施工过程中进行变形监测是十分必要的，在施工过程中，监测出受力较大的杆件的应力变化，可以很好地确保施工安全。

施工时选取具有代表性的 14 个监测点，在监测点处易于通视的地方贴片，用智能全站仪进行监测。

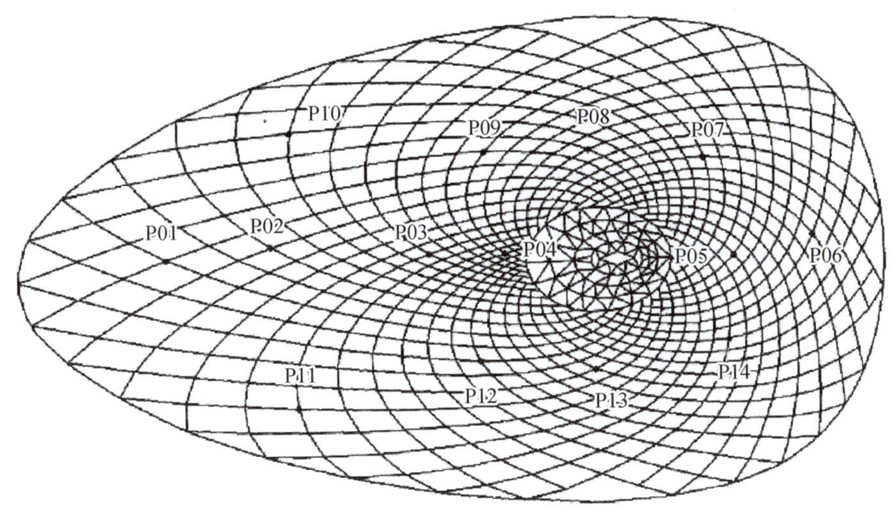

变形监测点布置图

监测采用 GPT-7502 型全站仪，这种仪器又称为“测量机器人”，照准过程中不用聚焦，能自动识别、照准与跟踪，而且发射出红外光束，故白天或黑夜都可以进行监测。

于家堡车站作为大型高铁客站，位于天津市于家堡中心商务区，站内人流量巨大，而且穹顶钢结构网壳共有 2178 个杆件，1134 个节点，对结构安全性要求之高是不言而喻的。

穹顶钢结构网壳的设计使用年限是 100 年，如何保证其在预期使用年限内安全服役，是非常重要的课题。因此在运营期间对结构重要杆件进行长期监测是非常重要的。为此，工程项目建设单位——津滨城际铁路有限责任公司，先后四次组织进

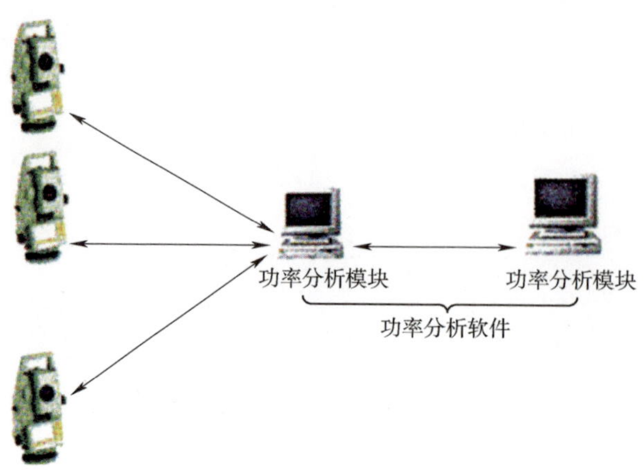

智能全站仪

行健康监测设计方案和健康监测施工组织方案的专家论证，最后确定出实施方案。

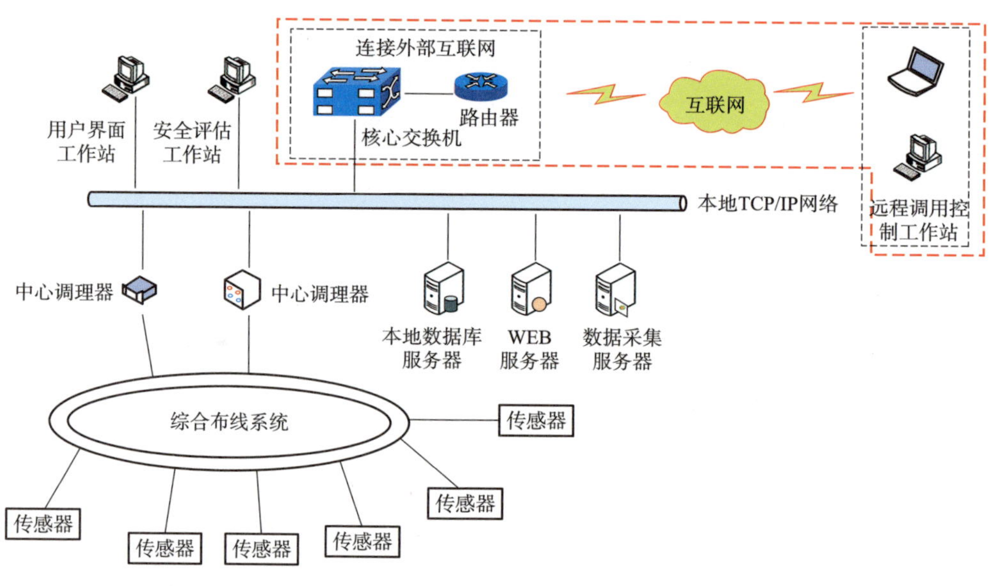

健康监测系统

健康监测的内容很多，包括结构变形和支座沉降、环向位移监测；杆件应力-应变监测；风速监测；焊缝检测；振动监测；等等。为此，需要在穹顶钢结构上布置测点，在测点安设各类传感器，用以监测上述内容的数据。为测风速，在穹顶顶部布设 1 台超声式风速仪，该仪器还兼有气温检测功能。

自京津城际延伸线 2015 年 9 月通车运营至今已经两年多的时间，运输繁忙，客运量递增，全线设备状态良好，为天津自贸区和滨海新区的建设发挥着重要作

杆件上安设的传感器和布线

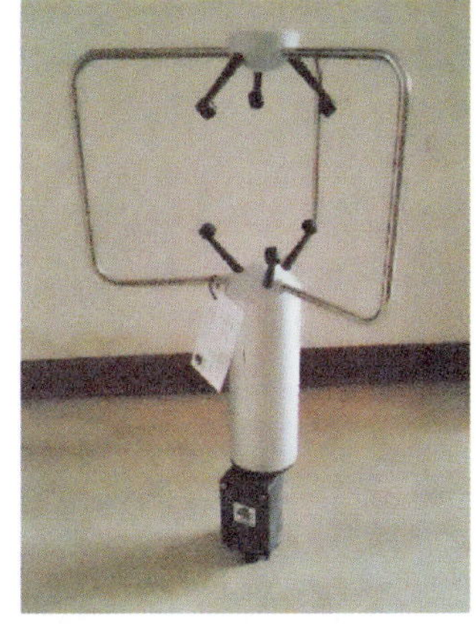

风速仪

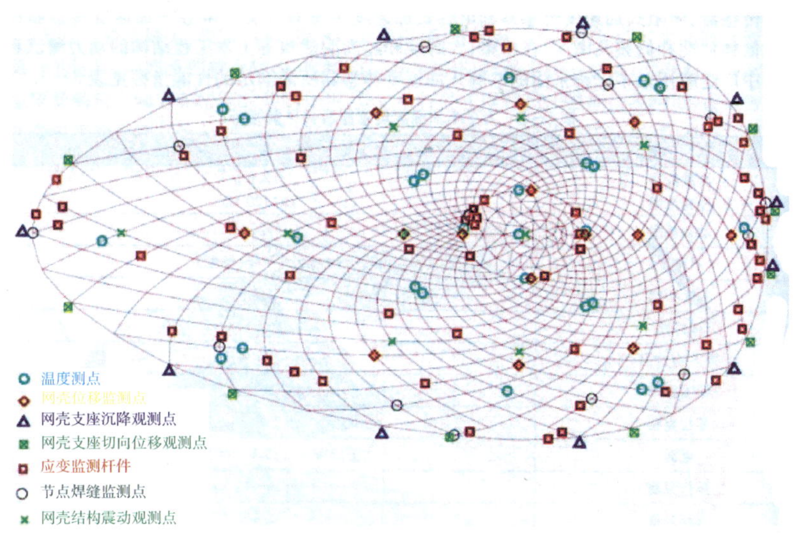

健康监测测点分布图

用。不久的将来，天津滨海新区将会出现第二条城际铁路，那时就会显著缓解京津城际的客流压力。

（文/张凤龙　安鸿逵；图/张凤龙　安鸿逵　张茜茜）

作者简介：张凤龙（1964—），津滨城际铁路有限责任公司总经理，教授级高级工程师，工学硕士。

参考文献

[1] 张凤龙. 大跨单层网壳钢结构穹顶施工综合技术[M]. 北京：中国铁道出版社，2015.

[2] 张凤龙. 软弱地层超大深基坑地下车站施工综合技术[M]. 北京：中国铁道出版社，2015.

第三部分　铁路隧道盾构施工管窥

（京津城际铁路延伸线已经完成的盾构隧道）

用盾构机进行地下工程施工(简称盾构施工),具有许多优点,如自动化程度高、节省人力、速度快、一次成洞、对地面干扰小、能保障人员和设备安全、开挖时可控制地面沉降等等。因此,尽管盾构施工有成本高等缺点,却仍然得到越来越多的应用。

在我国,自 1970 年用盾构机修建穿越黄浦江的水下隧道开始,大量地用于建筑各类地下工程,尤其是用在地下铁道的施工中。北京、上海、天津,以及深圳、广州、南京等许多大中城市都在修建或规划修建盾构施工的地下铁道。

我国地下铁道起步虽晚,但发展迅速,以北京为例,预计近期会超过 600 公里。

北京地铁线路示意图

20 世纪 60 年代北京地铁(即现在的 1 号线和部分 2 号线)是采取明挖法施工,改革开放以来地铁的区间大部分由盾构机进行施工,在建与规划中的地铁也采用由盾构机修建。

地下铁道历史悠久,伦敦具有世界最古老的地铁(1856 年始建,1863 年正式运营);纽约地铁于 1904 年开始运营。

1935 年始建的莫斯科地铁因其装饰装修的艺术性闻名于世。该地铁大部用深埋暗挖法修建,在二次世界大战中曾作防空洞使用,为反法西斯斗争做出贡献。

莫斯科地铁 20 世纪末已经有 200 多座车站,是当地居民的主要出行工具。笔

莫斯科 20 世纪末地铁线路示意图

者曾于 1997 年赴莫斯科出差，当时在俄罗斯道路研究院接待人员的引导下参观莫斯科地下铁道，为不同风格的艺术装饰所倾倒。

共青团站内景

目前我国许多大中城市的地下铁道大多也用盾构机施工，可以说我国在地铁隧道施工中采用盾构机已经十分普遍。然而至今，大量的铁路隧道用盾构机修建的还不多。

北京直径线工程是国内第一条在市区地下修建的铁路双线电气化隧道，是第一条在国内同类地质条件下采用直径 12.04 米的泥水盾构施工的隧道，也是在北京市首次采用泥水盾构施工的隧道。

连接北京站至北京西站的这条铁路地下直径线是城市内铁路工程，这条线路自北京站向西，在崇文门三角地尽头处入地，经前门、宣武门、天宁寺、莲花池东路与原预埋段衔接至北京西站，全长 9.15 公里。

北京铁路直径线工程复杂，设计、施工难度大，自 20 世纪七八十年代就开始论证规划，正式开工是 2005 年 12 月。盾构机直到 2008 年 9 月正式启动作业，为了确保安全和质量并消除隐患，采取进度服从质量的原则，于 2013 年贯通，2014 年 12 月开通运营。开通后，旅客可乘坐火车在两大站之间实现换乘，从北京站到北京西站只用 10 分钟，这将使乘客的中转换乘变得十分便捷，并显著缓解前三门大街的交通拥堵。

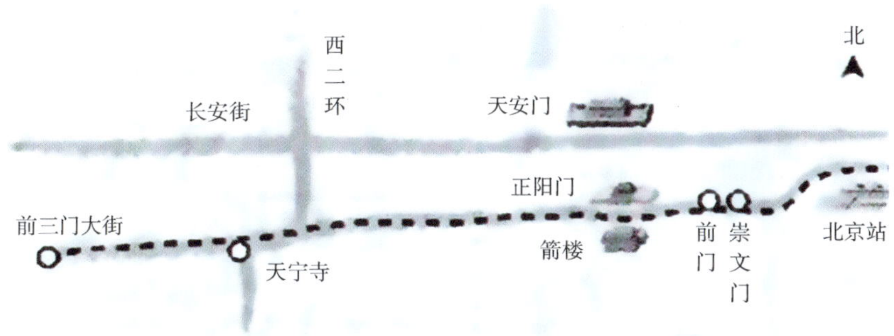

(a) 北京铁路直径线走向

(b) 主体已经完工的隧道

北京铁路直径线隧道

无独有偶，天津市也修建直径线，该线两端分别连接天津西站和天津站，全长约 5 公里，海河隧道全长 3.61 公里，其中盾构隧道长 2146 米，盾构直径 12 米，单洞双线。这条直径线 2009 年 2 月动工，盾构施工于 2010 年 8 月 5 日开始，历时 21 个月，安全到达盾构接收井。

施工中的天津直径线盾构隧道

长株潭城际铁路全长约 96 公里，连接长沙、株洲、湘潭三市，其中 23 公里线路连续下穿长沙主城区，是目前国内最长的城市地下铁路。

长株潭城铁最长隧道和控制性工程是全长 12.86 公里的树木岭隧道。这条隧道包括四座明挖施工的车站、三段明挖施工隧道、两段暗挖隧道和三段盾构施工隧道。长株潭城际铁路于 2015 年完工，2016 年通车。

与上述盾构施工的铁路隧道相比，京津城际铁路延伸线的盾构施工隧道独具特色。这条高速铁路是从天津车站延伸至天津滨海新区商务核心区的于家堡站，其中在塘沽至于家堡铁路工程示意图中，新建京津城际铁路延伸线(塘沽至于家堡)全长 3350.5 米。其中，路基 550 米，明挖施工隧道 552 米，盾构施工隧道 2248.5 米。隧道之所以有一段明挖施工，是因为线路由路基转入地下需要下穿既有塘沽货运车场和津山正线，同时线路纵断面由较大坡度逐渐过渡隧道设计高程。在明挖隧道到达设计高程时就是下图中的始发井处。

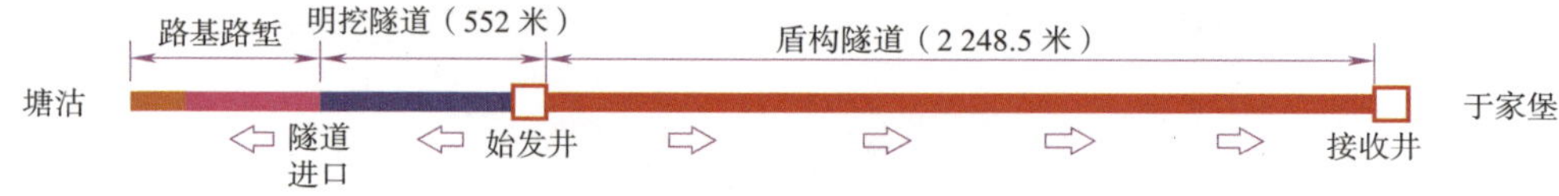

塘沽至于家堡铁路工程示意

始发井需要事先按照设计尺寸修好，特别是在天津海滨这样地层松软、地下水

丰富，地质情况极其复杂的地方，尤其要做好降水，土体和井壁的加固等工作。

在始发井示意图中，拼装台就是盾构出发基座，其顶面应与隧道底设计高程一致。

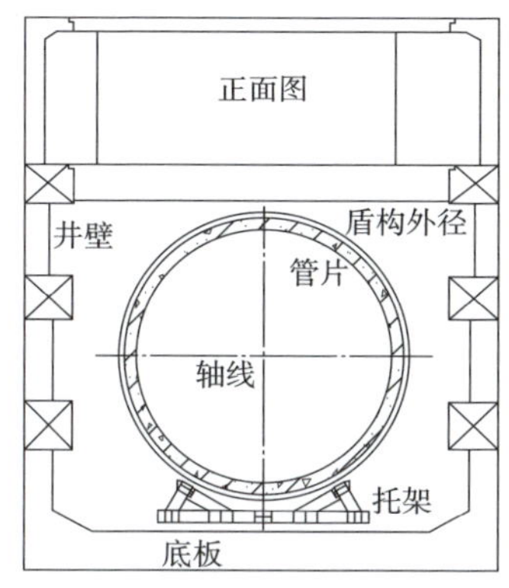

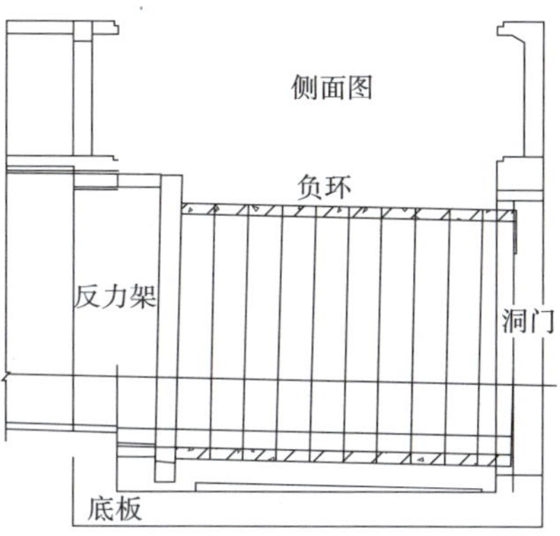

盾构始发井示意图

始发井修建后还有许多施工工序，除了安装拼装台外，还有井口防水密封，盾构机各部件下井，盾构机安装、调试，（在盾构机尾部）安装反力架，盾构机试运转，盾构机顶入进口处地层加固等等。

从京津城际延伸线的始发井照片中可见，已经施工完成的盾构隧道隧道。上方是施工通风管道，下方是泥水管道和运输轨道等。

始发井盾构隧道对面就是已经施工完成的明挖隧道。

在盾构机尾部安装反力架是一项重要工序。反力架与后井壁贴紧，盾构机始发时，其千斤顶支撑在反力架的环面上，利用其反力使盾构机向前推进。

盾构始发井处盾构隧道的照片

安装反力架后，盾构机的部件逐件吊装下井组拼，准备始发。

盾构机的始发是一项关键的综合技术，处置不当容易发生沉降、涌水涌泥、坍塌等事故。所以，严格掌控盾构始发的各项技术是保障盾构机安全始发的关键。

盾构始发井处的明挖隧道照片

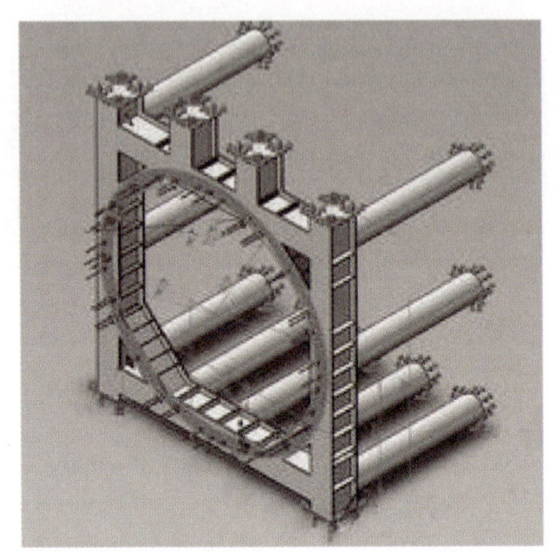

盾构机反力架示意图

根据当地地质水文特点，京津城际延伸线盾构隧道施工采用的是泥水盾构机。泥水式盾构机是通过有一定压力的泥浆来支撑稳固开挖面，由旋转刀盘进行土体开挖，开挖下来的土砟与泥水混合以浓稠泥水状态由泥浆泵输运出地面。泥水盾构机适用于各种松散地层，有无地下水均可。泥水式盾构机施工时稳定开挖面的机理为是，以泥水压力来抵抗开挖面的土压力和水压力以保持开挖面的稳定，同时控制开挖面和地基沉降，在开挖面形成弱透水性泥膜，保持泥水压力有效作用于开挖面。

盾构机部件下井

在下页施工原理图中，可以见到送浆管和排泥管。与刀盘切割地层的同时，排泥管会把切下的土砟排出隧道外，而过滤后的泥水液通过送浆管送到刀盘处。随着盾构机前进，管片拼装机逐节拼装管片。

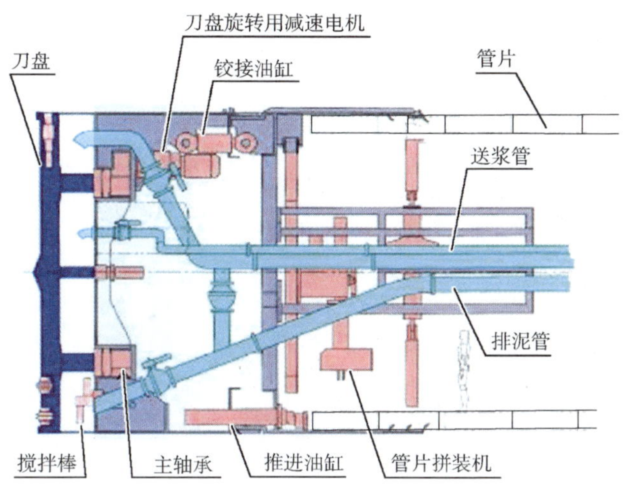

泥水盾构施工原理示意图

管片拼装机除了可以前后上下移动外，还可以作 360°旋转，以便将管片送到隧道的任何位置。

从以下三张照片可以见到施工中的京津城际延伸线盾构隧道已经完成的部分，以及送浆管和排泥管和已经拼装好的管片。图中的顶部的管道是隧道的通风管。

预制的管片自隧道外运至盾构机后部，管片拼装机后退固定管片，然后前进旋转，将管片就位拼装，形成隧道衬砌。

管片由高性能钢筋混凝土预制而成。管片之间，以及相邻环之间，用高强度螺栓拧紧连接，接缝处还须加特制橡胶垫，用以防水渗漏。单独的标准管片见下页图，其中管片预留的注浆孔则是用来在衬砌完成后向隧道周围地层压注防水浆液用的。

盾构机尾部

京津城际延伸线已经完成的盾构隧道

管片拼装机外形

在下图中可以见到有一块管片制成楔形，其目的是使封顶时便于调整拼装，同时用螺栓拧紧后，管片间更加密贴。

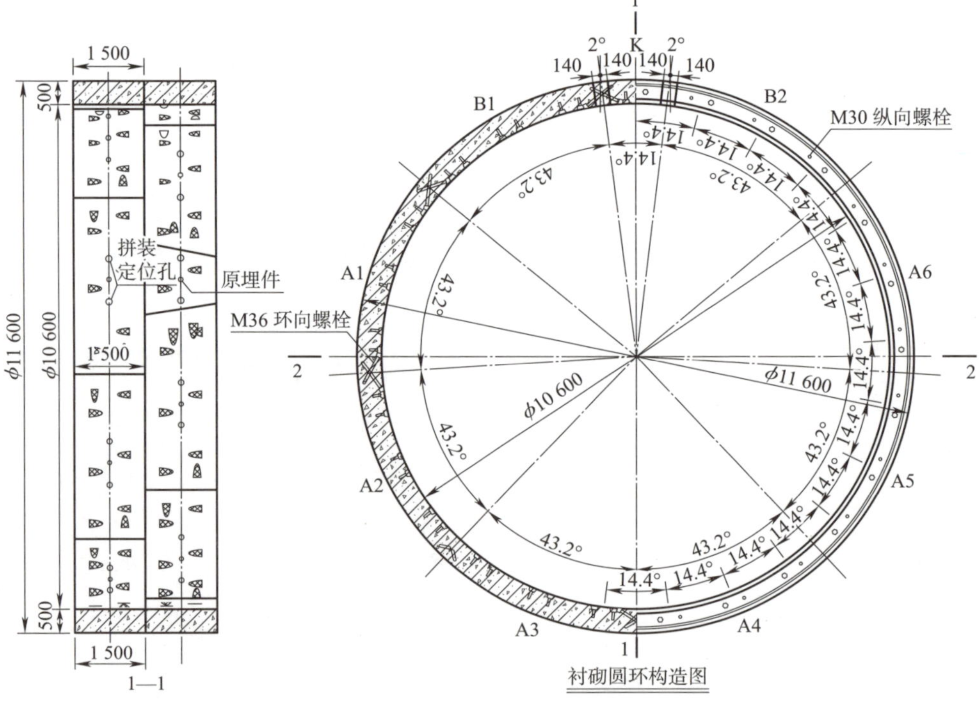

管片分块示意图(单位:毫米)

在盾构机内有集中控制室，所有施工流程都在这里按照预先编制的程序自动控制安排实施，施工中的一切状况均在掌控之中。在控制室有两名工程师负责操作。

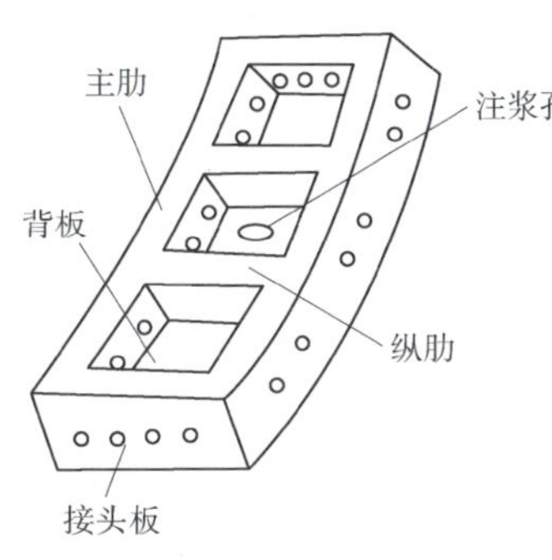

管片示意图

京津城际延伸线盾构机控制室

至于隧道的施工测量，对以传统的经纬仪（全站仪）、水准仪为主测量方法来说是一个颠覆。隧道中线和高程的变化都显示在控制室左下方的屏幕上。中线与高程的调整也在控制室内进行操作，非常直观便捷。

盾构机掘进至接收井处，已经和于家堡地下车站端头衔接。在接收井内，盾构机进行解体并逐部件吊运井外。至此，盾构施工告竣。

到 2015 年 5 月，京津城际延伸线已经全部完工，经过调联调联试和试运行，已经于 2015 年 9 月通车运营，设计时速 350 公里。目前，从北京南站到天津滨海新区于家堡站只需要 56 分钟即可到达。

（文/图　张凤龙　安鸿逵）

参考文献

[1] 张凤龙.复杂条件下铁路大直径泥水盾构施工综合技术[M].北京：中国铁道出版社，2015.

第四部分　隧道测量的昨天和今天

（沙马拉达隧道附近的牛日河峡谷）

同学们抽时间经常到测量仪器室来熟悉测量仪器，将来必有好处。

——《测量学》教授宋卓民

一场交谈引起的回忆

在20世纪90年代某一年春天，我乘坐的列车行驶在大凉山脉的崇山峻岭中。线路两侧，绿草如茵，繁花似锦。远处的崇山峻岭，丛林茂密，云蒸霞蔚；近处的山间平地，绿的是小麦，黄的是油菜花，淡紫色是蚕豆花。山坡上，林木掩映，一座座朴素的农舍点缀在山石竹林间，遥见袅袅炊烟，一片祥和宁静。车内的乘客，有的在休息，闭目假寐；有的在谈天说地，欢声笑语；有的则凭窗瞭望，欣赏外面的美丽景色。

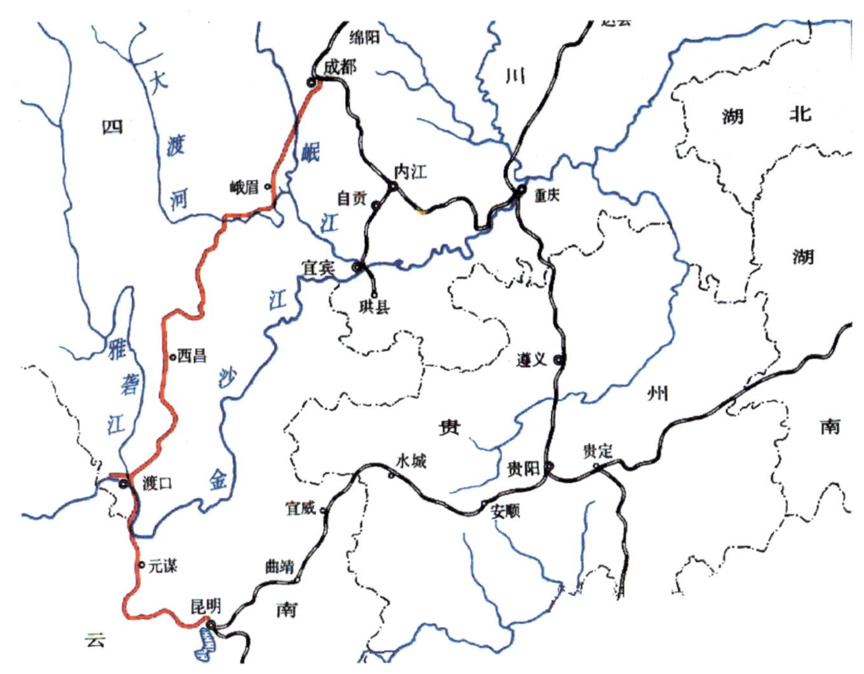

成昆铁路位置示意图

但是，列车频繁出入隧道，却被观景的乘客认为是煞风景的事。他们抱怨，怎么这么多隧道。于是我耐心地跟他们解释，我国是多山的国家，修铁路建隧道是不可避免的，在西南地区尤其如此。这里不仅多高山密林峡谷，而且地质复杂，号称世界地质博物馆，几乎所有的地质现象都能在这里找到，致使桥梁隧道很多，而且经常遭遇滑坡、泥石流、崩塌等不良地质现象，修建铁路极其艰巨。目前经过近年来的快速发展，中国已经成为名副其实的铁路强国，隧道技术同样也有长足进步。说着，列车又进入隧道，这次在隧道内行驶了将近 10 分钟。我说这是有名的沙马拉达隧道，全长将近 6.4 公里，是成昆铁路最长的隧道。他们惊异我为什么对此这么熟悉，当我告诉他们说我 20 世纪 60 年代就在这条铁路参加修建长度 4.273 公里的浮漂隧道，历时 4 年。他们随即释然，说道难怪，那么给我们详细介绍一下吧。于是，我尽量用非专业词语给他们讲解一些铁路隧道设计和施工的基本知识。从设计讲到施工，虽然说得口干舌燥，可大家却听得津津有味。

建成的沙马拉达隧道洞门

施工中的沙马拉达隧道

周围乘客虽然没有铁路工作者，却也不乏高学历学术渊博的人，一些知识一旦入门，他们会举一反三，提出一些有深度的问题来。有人问道，听说打隧道，是从两头对打，那么方向是怎么掌握的，是怎样防止“穿袖子”(形容隧道进出口相向施工，结果打不通了)的？我说，所谓“穿袖子”只是通俗的说法，实际不可能发生。规范提法是“贯通误差超限”。在隧道进出口相向施工打通(贯通)时，当即进行贯通测量，如果两个方面的施工中心线相差没有超过有关规范的规定，就没有问题；如果超过则是“贯通误差超限”，就算事故。比如，现行《新建铁路工程测量规范》规定，长度 4 公里以下的隧道方向允许贯通误差是 100 毫米，长度 4 到 8 公里的隧道方向允许贯通误差是 150 毫米，而高程允许贯通误差都是 50 毫米。相对误差只有几万分之一，如此小的允许贯通误差，势必要求负责隧道工程技术的人进行细致的、频繁的、艰苦的测量工作。

以往，隧道设计者在崇山峻岭中勘测隧道时，要进行三角测量(以前叫做三角网测量)。隧道三角测量，就是从隧道进口到出口在地面上按测量规范的要求选定许多的点(三角点)，以一系列的三角形构成相互连接的三角网。(这时，我拿纸画

了一张草图，即下图）然后，除精确测定起始边的长度外，还要用“经纬仪”精确测定所有三角形的三个角度（就是图中的 α, β, γ 各角）。所谓“起始边”就是在隧道进出口各自设定的与铁路中心线密切关联的一条线，设在相对平坦处，以便精确测定其长度，就是图中的 b_1 和 b_2。有了 b_1 和 b_2 的长度，以及所有三角形的三个角度，就可以在室内进行计算，隧道进出口的相对位置和隧道中心线就是已知了。然而，用经纬仪精确测定所有三角形的三个角度的工作量非常大。大家可以想见，在丛林密布的山区，在每个三角点逐个摆设经纬仪（经纬仪的对中和定平的要求很高），每个点按规定观测若干次，同时做详细记录，工作量之大，条件之艰苦，可以想见。以上只是室外作业，这之后还要做室内作业。众所周知，理论上三角形三个角之和是180°，而实际量测一般有一定误差，这就要综合多次量测结果进行“平差”。平差计算会涉及概率论、线性代数等等数学领域的方法。平差后，计算所有各点的坐标，比对隧道进口和出口的坐标是否在铁路中心线上，如果符合要求，则室内作业告一段落。那时，如此大量的计算主要借助手摇计算机、八位对数表进行纸上手工计算，试算、复核的工作量之大，常人难以想象。何况，有些长大隧道还需要布设两套三角网，将其结果进行相互校核。经纬仪是一种既能测量水平角，又能测量竖直角的常规测量仪器。那些年，我国只能生产普通经纬仪，精密经纬仪还要从瑞士或德国进口。

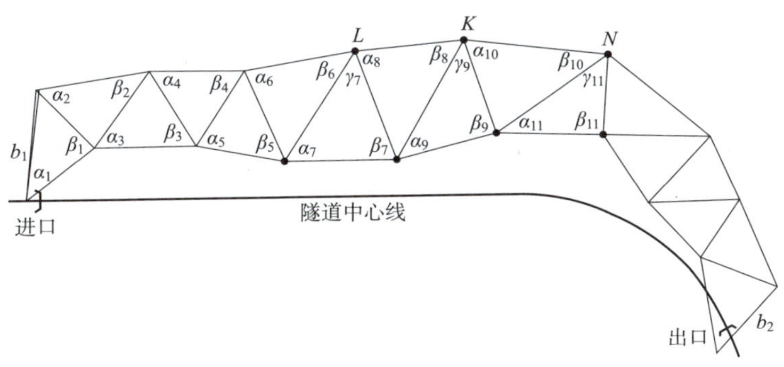

三角网示意图

以上所说是隧道进出口中心线的连接，另外进出口还需要用水准仪进行高程的连接，随后也要作平差计算。工作量也很大。

设计者把勘测成果移交给施工单位，施工单位据此进行隧道的施工测量工作。

这时，列车已经渐渐接近成都，旅客要做下车准备，交谈即告终止。

这件事引起我对往事的回忆，感叹世事的发展变化，就铁路测量来说过去与现在其变化之大，犹如沧海变成桑田。

测量仪器及与其相关事物的变迁

20世纪50年代乃至60年代初，现场多使用“游标经纬仪”，这种仪器用今天的眼光看十分落后，然而当时现场测量水平角和竖直角全靠它，不可或缺。

以今天的眼光来看，游标经纬仪有其固有的缺陷。首先就是对中、定平不便，仪器有四个定平螺旋，稍有不慎就会形成“三条腿”；好容易定平成功，垂球又偏离中心桩，必须整体移动仪器，使其对中，很可能又不平了，反复多次，最终对中、定平完毕，时间耗费不少。想起本部分开头宋卓民老师的那句话，当时体会不深，当真正从事测量工作后，才觉得那是出自肺腑为学生将来着想，用心可谓良苦。其次游标经纬仪度盘读数不便，详见下述。

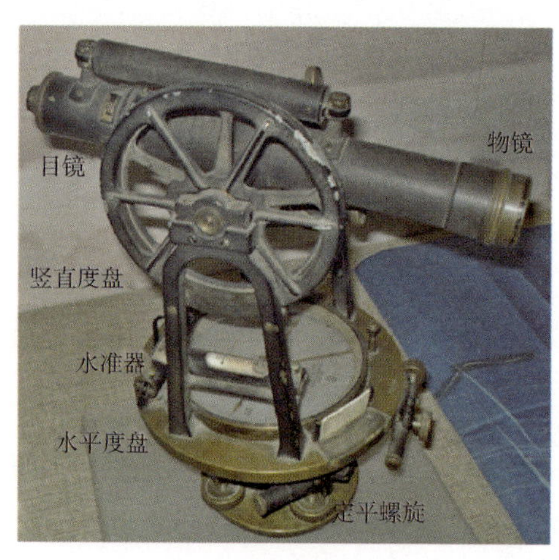

游标经纬仪
（摄于西南交通大学测量仪器室）

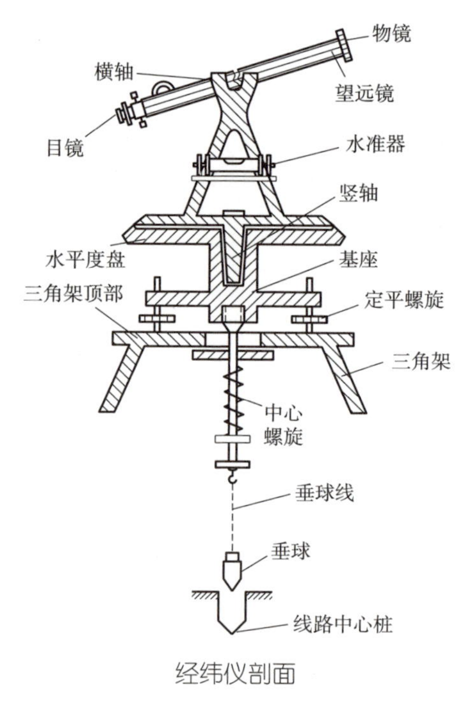

经纬仪剖面

在经纬仪定平对中完成后，如需量测水平角或竖直角，还需要熟悉游标经纬仪角度的读数方法。该方法和游标卡尺的读数方法类似。卡尺读数处分主尺和副尺，主尺刻度一格为1毫米；主尺上49毫米刚好等于副尺上50格，则副尺每格长为0.98毫米。主尺与副尺的刻度间相关为1－0.98＝0.02毫米，因此其测量精度为0.02毫米。在读数方法示例中，箭头处副尺有一条刻线与主尺的刻线对齐，在主尺上读出副尺零线以左的刻度，该值就是最后读数的整数部分，为33毫米。箭

头处副尺的格数就是尺寸的小数，为 0.24 毫米，得到总尺寸为 33.24 毫米。

游标卡尺

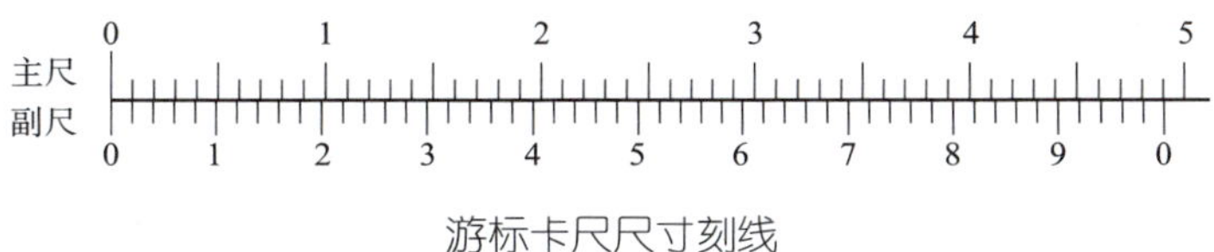

游标卡尺尺寸刻线

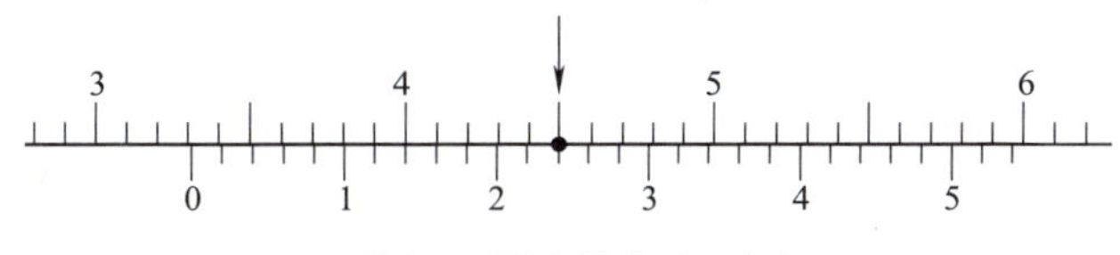

游标卡尺读数方法示例

游标经纬仪的读数与卡尺类似。游标相当于卡尺的副尺；度盘相当于卡尺的主尺。度盘上一小格是 20′，游标 0 线对准度盘的读数是 20′的整倍数，即 298°40′，由游标刻度与度盘刻度重合处读出 13′30″，角度最后读数 298°53′30″。

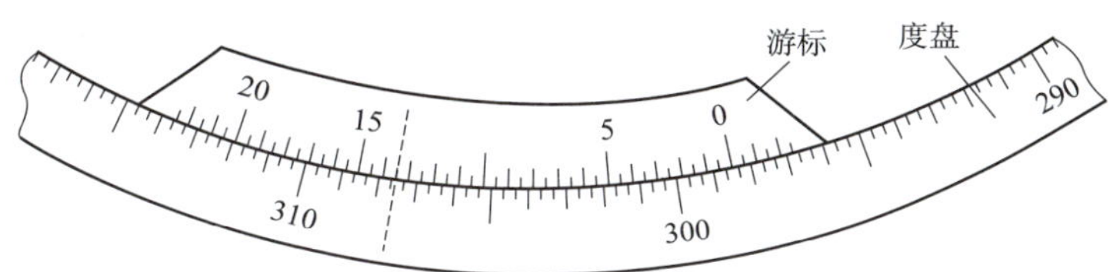

游标经纬仪度盘读数示例

游标经纬仪和卡尺不同的是，卡尺可以拿在手里，放到光线明亮处仔细看读数，而游标经纬仪则不行，必须眼睛凑到度盘的小放大镜处读数。隧道里光线昏暗，空间窄小，读数十分困难。为此，当我们得知将要从事隧道施工时，就有意识地在夜间练习游标度盘读数。

就在我们前往隧道工地进发时，得知要给施工技术人员配备光学经纬仪，测量仪器要更新换代了。20 世纪 60 年代初是光学经纬仪取代游标经纬仪的年代。

这样，我们在 1964 年，在贵昆铁路可渡河（北盘江的上游）畔一座隧道开工前配备了光学经纬仪。

有使用游标经纬仪的基础，对光学经纬仪稍加熟悉，很快便掌握了操作方法。原来，光学经纬仪在结构上增添了许多部件，使得功能有很大改进。

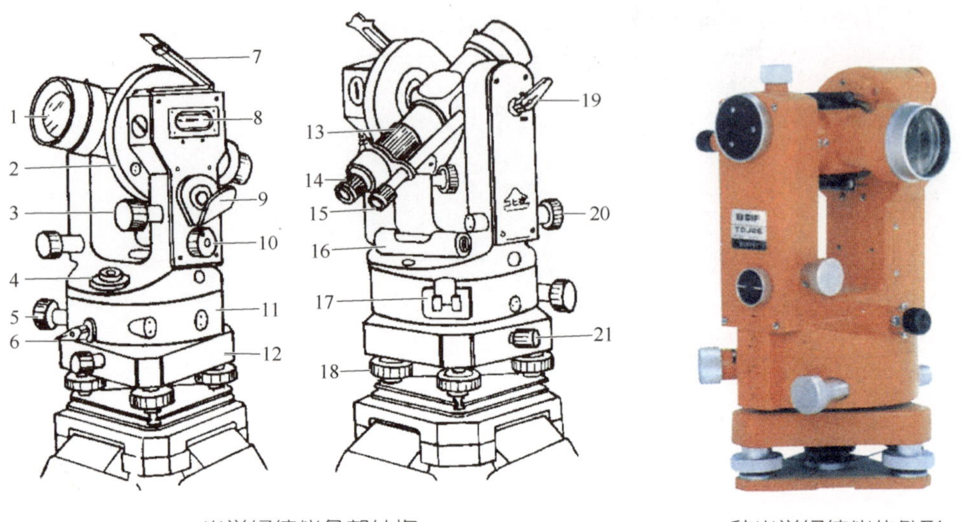

光学经纬仪各部结构

一种光学经纬仪的外形

在光学经纬仪结构图中，1 和 14 分别是望远镜的物镜和目镜；2 是竖直度盘；3 是竖直度盘水准器微动螺旋；4 是圆水准器；5 是照准部微动螺旋；6 是照准部制动扳钮；7 是水准管反光镜；8 是竖盘水准管；9 是度盘照明反光镜；10 是测微轮；11 是水平度盘；12 是经纬仪基座；13 是望远镜调焦筒；14 是目镜；15 是读数目镜；16 是照准部水准管；17 是复测扳手；18 是定平螺旋；19 是望远镜制动扳钮；21 是轴座固定螺旋。

和游标经纬仪相比，首先是定平与对中操作简单，速度也快。先利用三个定平螺旋 18 使圆水准器 4 水泡居中，再用基座下悬挂垂球对中，然后再定平，再后摘掉垂球用光学对中器精确对中。先进的光学经纬仪都在基座上方设有光学对中器，光学对中器是利用棱镜折射原理精确对中的设备。视线通过对中器的望远镜水平到达经纬仪中心的直角棱镜被折射成铅垂状态，这时整体移动经纬仪让视线对准线路中心线固定，由于棱镜精确地使铅垂视线与经纬仪竖轴重合，因此对中完成。其次光学经纬仪的度盘读数比游标经纬仪简单方便

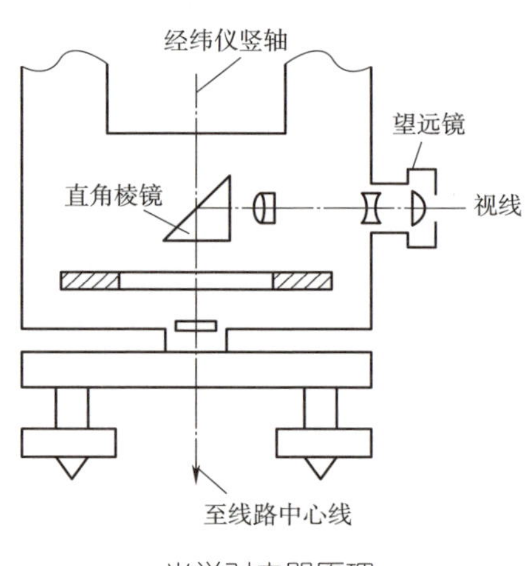

光学对中器原理

很多，是把度盘读数折射到望远镜旁的读数目镜 14，读数目镜既是望远镜又是显微镜，读数清晰。

而且中心的直角棱镜被折射成铅垂状态，这时整体移动经纬仪让视线对准线路中心桩并固定，由于棱镜精确地使铅垂线与经纬仪竖轴重合，因此对中完成。

还有，光学经纬仪的度盘读数比游标经纬仪简单方便很多。它是把度盘折射到望远镜目镜旁边的读数目镜 15，读数目镜既是望远镜又是显微镜，读数清晰，而且水平度盘和竖直度盘的读数都反映在内。在右图中，标有字母 Hz 的是水平度盘读数，该读数为 214°53.6′；标有字母 V 的是竖直度盘读数，该读数为 79°07.8′。如果周围环境光线昏暗，只需在度盘照明反光镜 9 处进行照明既可。由上述可见，光学经纬仪在对中定平、角度观测等方面的诸多优越性是游标经纬仪无可比拟的。

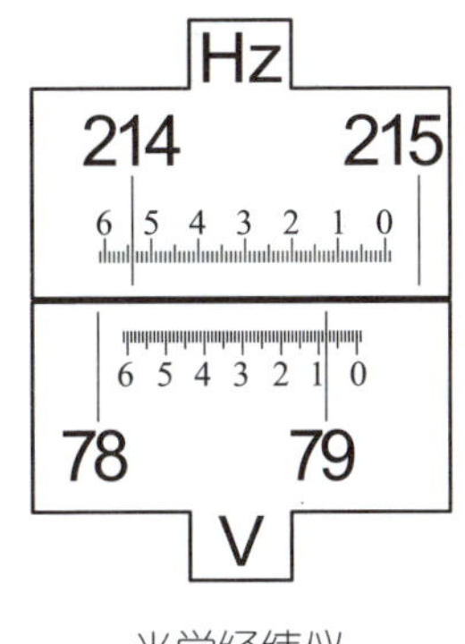

光学经纬仪
度盘读数示例

笔者在参加贵昆和成昆铁路的隧道施工技术工作中，光学经纬仪发挥了不可替代的作用，它把我们从费时费力的劳动里解脱出来。自 1964 年之后，再没有用过游标经纬仪。如今，想找一台游标经纬仪并非易事，笔者在西南交通大学测量仪器室曾见到这种仪器并进行拍摄。

在此，我们应该钦佩以前从事隧道工程的先行者，以往不都是他们用游标经纬仪和其他落后的装备建成了一座座隧道的吗？

勘测设计是先行

前面说到的布设三角网等操作是隧道勘测设计的程序之一，这项操作是十分艰苦，费时费力的工作。试想，翻越人迹罕至的大山用人力布设数十乃至数百个三角点，然后用经纬仪在三角点上反复量测一个个水平角，是多么大的的工作量，需要记录多少数据。况且，这些数据资料拿回室内，还有大量的内业工作。所谓“内业”是指室内进行的计算、绘图等工作；与其对应，“外业”是指前述的野外布点、测量等工作。内业虽然在室内进行，可是工作量和烦琐程度不亚于外业。

从和设计院的同行交流时得知，由于三角测量是精密测量，使用的是进口的蔡司经纬仪，其角度最小可读到 1″(1 秒)，估读到 0.1″。

在没有电脑、计算器的时代，大量的计算都在纸上操作。辅助的工具是手摇计算机、八位对数表等。最后得到的计算书是一大摞，以若干公斤计。

外业、内业工作全部完成后，勘测设计单位把隧道进出口的线路中心桩(隧道外测点)，以及隧道进洞的有关资料移交给施工单位，后者据此指导施工。

设计院的技术人员在勘测成昆铁路

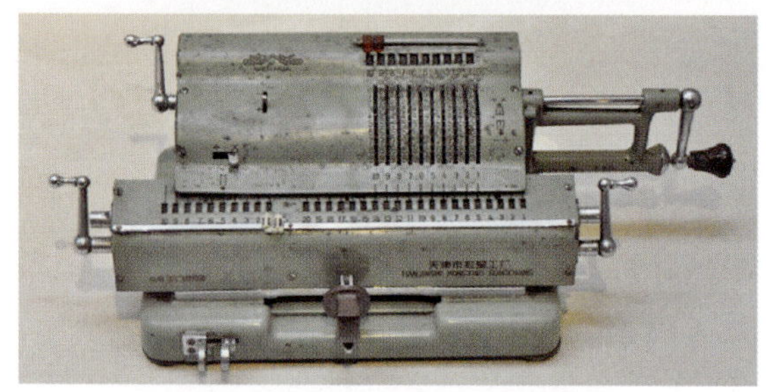

手摇计算机(摄于铁道兵纪念馆)

线路中心线向隧道内传递

隧道施工测量的主要任务,一是在隧道进出口把线路中心线和高程延伸进隧道内,指导隧道的掘进方向,最后达到隧道贯通;二是放样,使隧道衬砌和其他结构构建在设计位置。后者相对简单,因为有了线路中心线和高程,隧道各部结构的设计位置都容易确定。

隧道进出口外各有两个测点,是由设计单位给定的,以其为基准借助经纬仪随着隧道的掘进传递进去,在隧道内测定若干测点,直至进出口中心线在贯通面会合,两边中心线错开的值就是贯通误差的大小。下图中的虚线是延伸观测的实际线路中心线,在隧道掘进过程中要经常复测修正,以使其尽量接近理论的中心线。

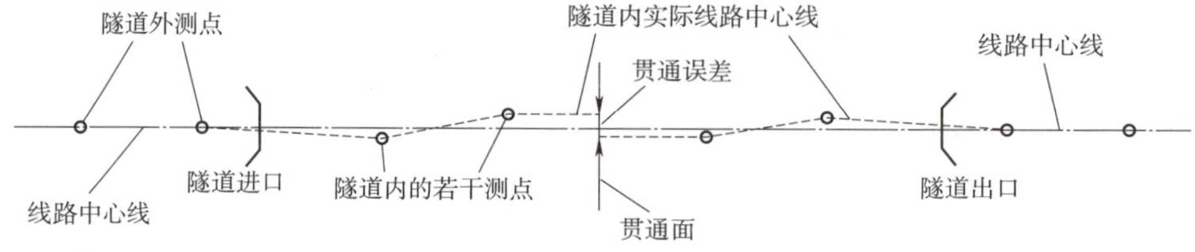

线路中心线在隧道内传递示意图

在实际施工中，掌子面每进行一次爆破（大约一个工班），就需要在在新的掌子面定出线路中心（包括高程），从而画出导坑轮廓线，以便布置下一次爆破的炮眼。如果每次都用经纬仪测定就太烦琐，加之掘进测量要求的精度不高，因此一般用下图的方法进行。用经纬仪在导坑顶部相隔 3 至 5 米测设两个线路中心桩，桩上挂垂球线。测量人员站在后面用三点一线的办法瞄点，掌子面处由一名测量人员用手电灯光根据瞄点人员的指挥定出掌子面处的线路中心。高程用水平尺借助事先设在导坑壁上的水准点，引至掌子面，即可确定导坑开挖轮廓。随着导坑的开挖，瞄点人员看不清掌子面的手电灯光时，再在导坑顶部测设新的中心桩，导坑的方向就是这样延伸的。

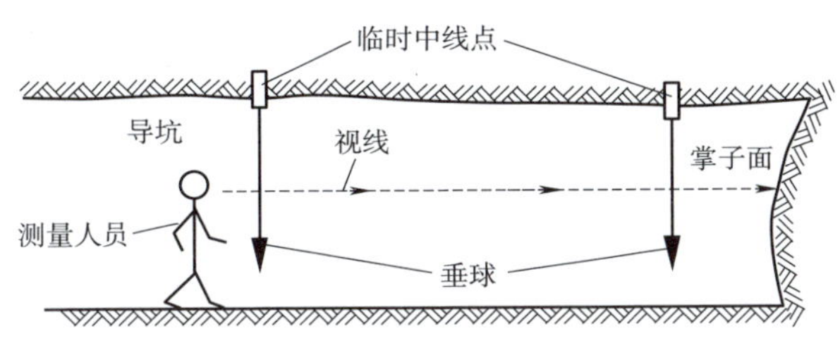

用肉眼瞄出导坑中心

以上说的是直线隧道，曲线隧道怎么办？下图是一段曲线隧道的导坑平面，点划线表示线路中心线，A 点和 B 点是由经纬仪测设的中心桩，用悬挂在这两点的垂球线瞄点显然不可能在掌子面得到线路中心。在 A 点向曲线外侧移动一个距离 d 得到 D，使 $DB=AB=s$，在 D 点悬挂垂球与 B 点瞄到掌子面得到中心点 C。以圆曲线为例，d 的大小按下式计算

$$d=s^2/R \tag{1}$$

式中，R 是圆曲线半径。

这种计算往往是在现场进行。试想，在隧道内狭小空间里，昏暗灯光下，进行多位数大乘大除的计算操作是何等困难。笔者在 20 世纪 60 年代是借助“六位对数表”来“化乘除为加减”的。所用的《简明六位对数表》不仅可以把多位数的乘除化为加减，而且能够计算三角函数，给现场计算带来极大方便。

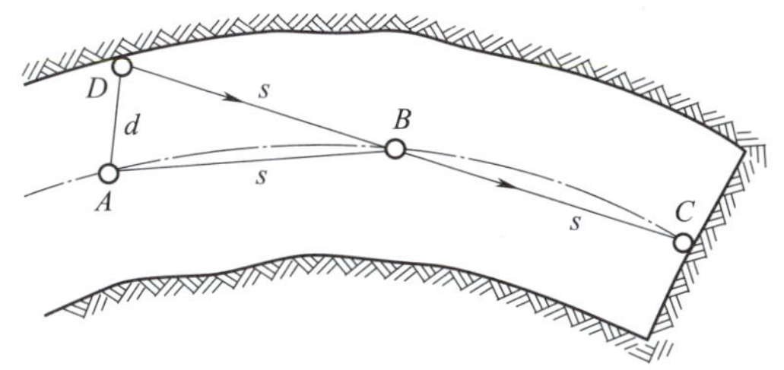

曲线隧道瞄点平面图

这样的计算可以明显减少减少工作量和差错。试举一例，设 $s=5.87$ 米，$R=500$ 米，代入式(1)，则 $d=5.87\times5.87\div500$，将其两边查表取常用对数

$\lg d=\lg 5.87+\lg 5.87-\lg 500=0.768638+0.768638-2.698970=-1.161694=-2+0.838306$

对第二项 0.838306 查表取反对数，得 6.89138，考虑第一项 −2，最后得 $d=0.068914$ 米。

实际工作中，往往希望 BC 长一些，而且以 BC 这段直线近似代替 BC 这段曲线，设 $BC=s_1$，则式(1)成为

$$d=(s^2+s_1{}^2)/2R \tag{2}$$

在 $R=500$ 米，$s_{,1}=20$ 米的情况下，以 BC 这段直线近似代替 BC 这段曲线，经计算，弦 BC 与圆弧 BC 间最大差不过 0.1 米=10 厘米，这对于导坑开挖来说是完全可以接受的。

不过，用对数表计算式(2)则更为繁复，因为括号内的两项不能直接取对数，要分别计算，相加，再用对数表计算。一人算完后，最好换手计算，以资复核。“换手计算”就是由另一人再重新计算一遍，两人算得结果一致，认作可信。

在当时，除了用对数表计算，没有别的太好办法，而且六位对数表也是挺厚的一大本，带到隧道里不方便不说，还容易损坏。哪像今天，只要带一台计算器，点几下按键就可以完成式(1)或式(2)的计算。

现在，有一种叫做“激光导向仪”的仪器，将其安装在隧道(导坑)顶部中心线上可以用来指示开挖方向。由于该仪器能够发出可见的激光束，因此可以很快定出超过 100 米的中线点。激光导向仪虽然安装调试需要一定时间，但它传递距离长，对于直线隧道导坑或全断面隧道开挖定向，既快捷又准确。

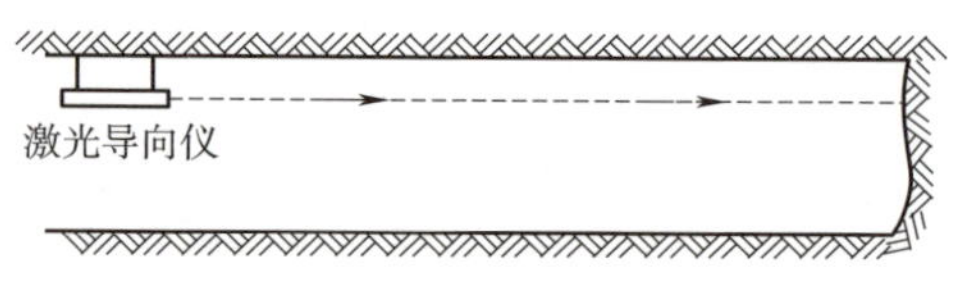

激光导向仪传递线路中心线示意图

线路中心线向隧道内传递，对于隧道施工十分重要。该项工作直接影响施工的进度和准确性，尤其是对于隧道能否按照规范要求贯通是至关重要的。

在隧道内外进行导线测量

导线测量在铁路测量，包括隧道测量，是经常进行的。由于隧道(特别是长隧道)进出口之间有高山阻隔，不能通视，必须进行控制测量。

以往控制测量首选三角测量。由于用经纬仪量测平面角确保有相当的准确性，而相对来说，在复杂地形下距离量测误差较大，所以在隧道进出口相对平坦处设置“基线”（下图中的 b_1 和 b_2），反复丈量其长度，力求准确，基线与进出口的中线点相联系。接着布设由一个个三角形组成的三角网，三角网绕过高山将进出口的基线联系起来。准确量测每个三角形的三个角，通过一系列计算、平差，可以求得各个三角点和隧道中心线上控制点的坐标，然后以控制点为依据，确定隧道进洞方向。

基线丈量，可以用“因瓦基线尺”，这种距离丈量工具用因瓦合金（64%的铁，34%的镍）制造，热膨胀系数非常小，不受丈量时气温影响，常用的因瓦基线尺有24 米和 48 米两种长度；如用低碳钢制造的钢卷尺丈量，则须进行“温度改正”，常用钢卷尺有 30 米和 50 米两种长度。以 20℃为标准温度，每次丈量都要记录长度和气温，最后逐一进行温度改正，低于和高于 20℃都要改正。因此，那时距离丈量的效率较为低下。

笔者以寥寥数语介绍了三角测量的过程，实际操作中，野外测量和室内计算，工作量之大，是非亲历者难以想象的。

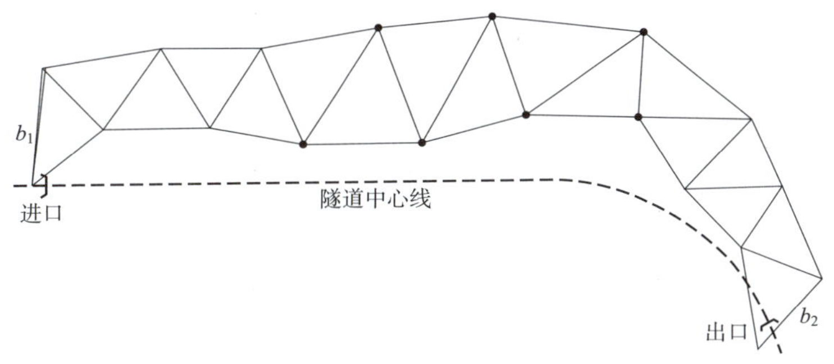

隧道三角网示意图

用三角测量的主要原因是，尽可能地减少距离丈量，这是因为那个时代角度量测手段要比距离丈量方便准确。

自从有了光电测距仪后，距离的丈量可以快速、便捷、准确进行，精密导线法有成为隧道控制测量的首选之势。在下页图中，A 点和 B 点是线路中心控制点，因为隧道进出口间无法通视，故在 A 和 B 之间绕行布设两条导线。所谓导线其实是由一系列直线构成的折线。用两条导线是为了相互校核，在地形允许处两条导线间还可以互相联系和交叉。准确量测每条直线的长度和相邻直线间的夹角，然后进行计算、平差，可以求得各个折线点的坐标，得出隧道进洞方向。

比较本页和下页两图，可以明显看出，导线测量比三角网测量，其工作量可以显著节省。而且，在崇山峻岭的茂密丛林中，要寻找、清理出能够通视的通道，后者

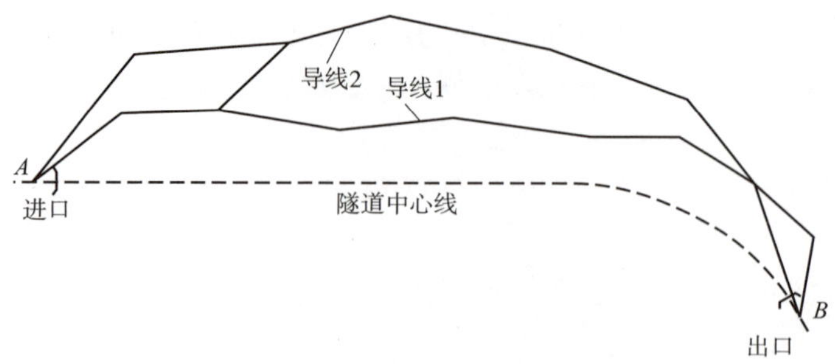

双导线示意图

也比前者容易得多。关键是测量平面角的同时，要测量每条直线的长度，常用光电测距仪进行距离丈量。光电测距仪，是通过测量电磁波在两点间往返传播的时间 t，按公式 $D=0.5t\times C$ 计算距离 D 的光电一体化的长度测量仪器，其中 C 是光速。

一种光电测距仪外形

20 世纪 80 年代建成的大瑶山隧道，是电气化双线隧道，长 14.3 公里，设计阶段采用精密导线进行洞外控制测量，取得很好的效果。

笔者在参加成昆铁路某隧道施工时，曾经出现就是导坑内突然塌方的情况，塌方体堵塞了大部分空间。人员、机具虽然可以勉强从塌方体旁边通过，但是线路中心线却被塌方体阻挡，不能通视。由于在清理塌方的同时，导坑还要继续施工，测量工作也必须同时进行。

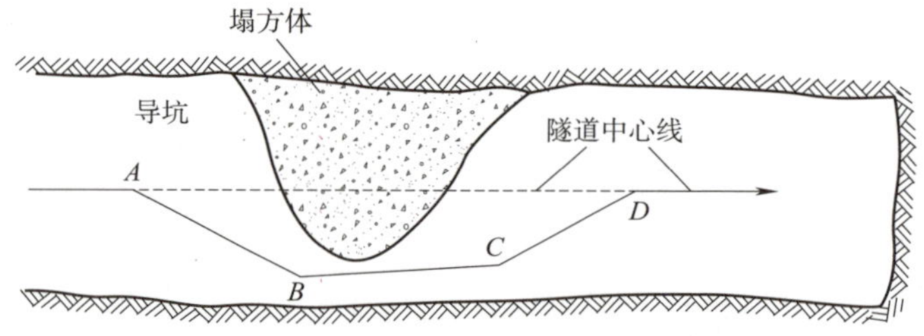

洞内导线测量平面图

这时就采取导线测量的方法。经纬仪先摆放在隧道中心线上的 A 点，再设 B 点和 C 点，B 和 C 及 B 和 A 之间能够通视。然后经纬仪依次摆放在 A 点和 B 点，量测角度 A 和 B，以及距离 AB、BC。接着根据经验设定距离 CD，以 D 点应该在隧道中心线上的前提，计算出角度 C 和 D。将经纬仪摆放在 C，后视 B，拨角度 C，在此方向量出距离 CD，确定出 D 点。再在 D 点摆放经纬仪，后视 C，拨角度 D，视

线方向就是隧道中心线方向。

前面曾经提到，隧道内各种作业间的干扰是很大的，因此经常发生测量中线点损坏的情况。如果发生在下导坑还比较好办，无非从远处，最多从洞外延伸过来既可，可是如果发生在上导坑，就不那么简单了。这时，可以用以下的办法解决。

这个的方法实质是竖直的导线测量。设 E 点和 M 点是下导坑的两个已知的线路中线点，其里程与高程均为已知。这两个点的选定条件是能够通过漏斗与上导坑的顶部通视。先在 E 点摆放经纬仪，前视 M 点，使经纬仪的视线在隧道中心线上。然后通过漏斗仰视 F 点，用竖直度盘量测竖直角 α，并从经纬仪中心至 F 量斜距 S(现场俗称“拉斜链”)。借助以下公式可以计算出 F 点的里程与高程。

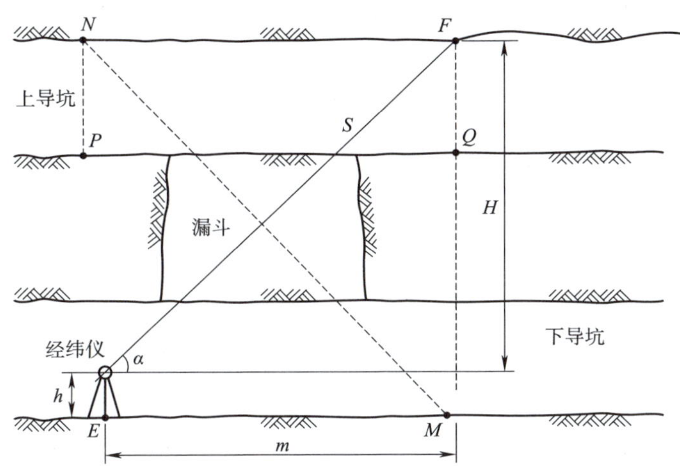

将下导坑的中线点传递到上导坑

$$F\text{的里程}=E\text{的里程}+S\times\cos\alpha \tag{3}$$

$$F\text{的高程}=E\text{的高程}+h+S\times\sin\alpha \tag{4}$$

式中，h 是经纬仪中心至 E 点的高度，叫做“仪器高”。至此，F 点测设完毕。再将经纬仪摆放到 M 点，重复同样方法测设出 N 点。为了能在上导坑摆放经纬仪，还需要把 F 和 N 用交会法或其他方法分别投放到上导坑底部，即为 Q 点和 P 点，这两点的里程分别与 F 和 N 相同，而高程需要分别减去 FQ 和 NP 的高度。

铁路中心线是一条空间曲线，其里程在一条铁路是连续的。例如假设成昆铁路的总长度是 1099.283 公里，则起点成都的里程是 K0＋000.0，终点昆明的里程是 K1099＋283.0。由于铁路是分段勘测设计的，在衔接处会出现所谓“断链”，但不会影响各个工点的测量和计算。而高程，则是以青岛验潮站观测计算的平均海水面为高程基准面，铁路中心线和隧道、桥梁等各种结构物的所在位置和该基准面的高度差，是为其高程。

隧道测量的一些方法可以在工厂建设中应用

笔者曾经参加某铁路工厂的建设，其中的测量工作有其特性，某些方面与铁路测量有共同的特点，比如高程测量是和铁路一样的，都是采用青岛验潮站观测计算的平均海水面为高程基准面。在平面上，铁路测量是以里程作为其线路方向的基准的，而工厂则是以总平面图上的坐标为基准的。为了要在多年前建成的厂区进行地下人防工程的建设，在厂区内设置坐标系 xOy，量测、计算各个控制点（B，T，S，R，Q，P 等点）的坐标。

初步准备在 B，T，S，R，Q 挖掘竖井，然后再平挖掘，在地下将人防工程连成一个地下通道的体系。但由于 Q 点处不适合挖掘竖井，改由 x 轴上 P 点挖掘竖井。

这个人防工程的断面大小和隧道的导坑大致相当，因此等于开掘导坑就进行衬砌，比起隧道施工来简单得多了。

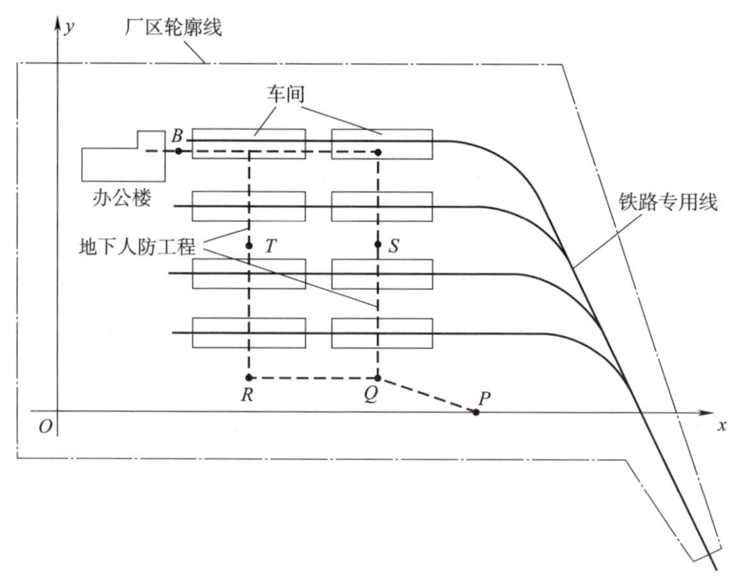

某铁路工厂的总平面图

这里的问题是，怎样把测量方向从地面通过竖井传递到地下。这就用到隧道测量中的竖井联系测量的方法了。比如在 P 点已经把竖井挖掘到设计高程，准备水平挖掘了。这时在竖井口搭一个支架，上面固定两根钢丝，钢丝下端各悬挂一个重物，重物浸泡在盛有油液的桶里，这是为了防止钢丝摆动。在总平面图上 PQ 方向的 A 点和 B 点分别摆放经纬仪和观测标，调整两根钢丝的位置，使其在经纬仪的视线上。在竖井底部根据两根钢丝的方向，目测挖掘一段水平导坑，然后把经纬

仪移到导坑内，调整其位置，逐渐趋近视线同时通过两根钢丝时，说明视线与 A 点和 B 点的方向一致。用经纬仪确定 C 点和 D 点（视需要，可在顶部，也可在底部）。CD 方向就是 PQ 方向，即可沿此方向挖掘。

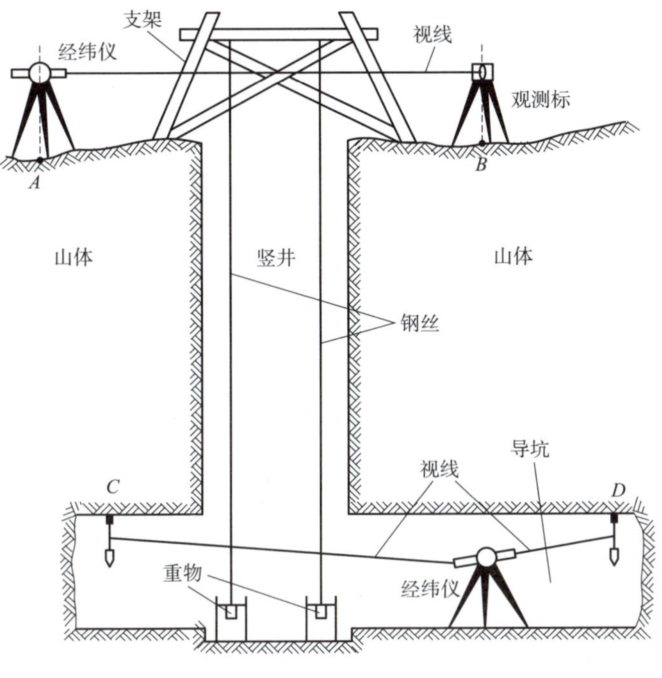

竖井联系测量

在 B、T、S、R、P 各点同时挖掘竖井，然后转为水平开挖，随之衬砌。最后各个水平坑道在地下顺利贯通。工厂的管理者和技术人员认为这很神奇。其实，在隧道工作者眼里是家常便饭，“术业有专攻”使然。

笔者于 20 世纪 60 年代末曾在川东一座铁路的水泥厂参加建设工作。厂区各个部分按照总平面图布置，但水泥厂对于车间之间相对位置的准确度要求很高。因为车间之间有许多管道或机器的轴相互连接，所以机器的基座中心线必须严格按照总平面图标示的坐标定位。水泥厂的车间往往是多层建筑物，如何把地面上的坐标传递到楼上的地板上，从而测定机器基座中心线，就是个问题。在下页图中，E 点的坐标为已知，在此处摆放经纬仪，在设定的方向 JG 上定出三层 F 和 H 两点，测定竖直角 β、仪器高 h 和斜距 JF，以及水平距离 FH，然后计算 F、H 两点的坐标和高程，将经纬仪移到 H 点，就可以测定三层上的所有机器的中心线。

当然，那时依然是纸上记录，用对数表结合纸上加减来运算的。

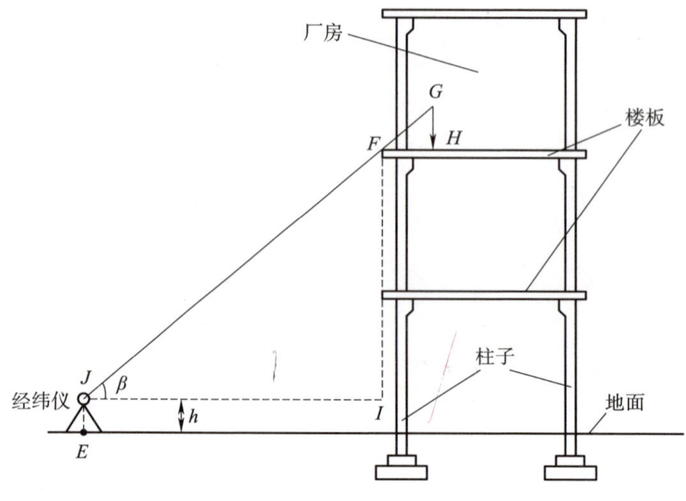

将坐标和高程引到楼上

科学的发展使测量技术有质的飞跃

几十年过去，社会的进步，科学技术的发展日新月异。新设备、新技术、新方法不断涌现，使得测量技术不断进步。

在20世纪80年代，电子计算器开始普及。这种计算器不仅能够快速进行多位数的加减乘除，而且做三角函数、对数、乘方、开方的计算也是轻而易举。电子计算器体积小巧便于携带，尤其其显示窗能发出荧光，特别适合在隧道测量中应用。试想，进行上述式(1)～式(4)的计算的时候，有这样一种工具替代对数表该是多么令人欣喜啊。今天，对数表已经彻底退出历史舞台，应该是计算手段的一大进步。

测量仪器的发展给测量工作者带来极大的方便。

在光学经纬仪上设置一种半导体激光发射装置，就成了激光经纬仪。这种仪器除具有光学经纬仪原有的功能外，还可以发出一条可见的激光光束，可广泛用于隧道测量、桥梁测量等等方面，尤其在隧道内光线昏暗处所更有用武之地。

如果竖直角α或β很大，观测不便时，经纬仪上可以安装一种“弯管目镜”，能够量测接近直角的竖直角。

上面提到的光电测距仪的出现，使得距离测量技术有飞跃的进步。光电测距仪不仅量测精确且兼有记录计算的功能，可以直接得出结果，这使测量工作者从烦琐、效率低下的钢尺丈量中解脱出来。

电子经纬仪是光电一体的现代化角度测量仪器。与光学经纬仪相比，主要差别在读数系统。这种仪器的读数在屏幕上自动显示，并且设有和电子手簿连接的

接口，将观测结果自动记录，消除了读数和计算的人为错误。

电子经纬仪

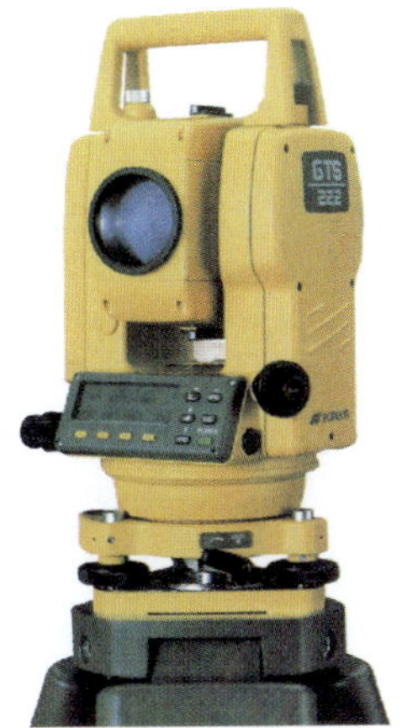

全站仪

全站型电子速测仪，简称全站仪，是一种兼有自动测距、测角、计算、数据自动记录及传输功能的自动化、数字化的测量仪器。全站仪广泛应用于各种测量工作，可以替代经纬仪和光电测距仪。目前，我国不仅能够生产多种精度的普通经纬仪、电子经纬仪，还可以生产全站仪。

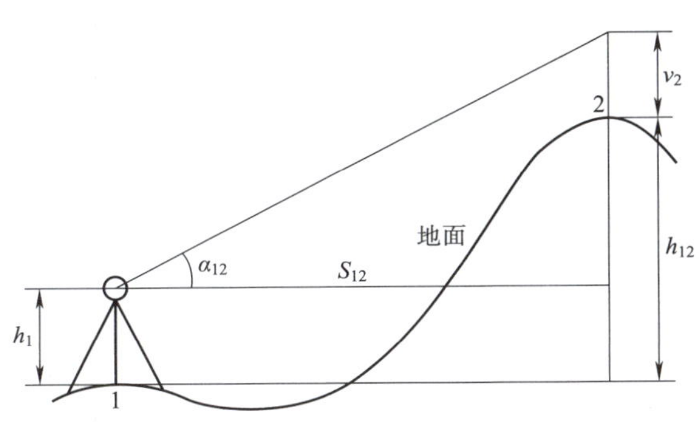

三角高程测量示意图

使用全站仪不仅在方向量测的同时，兼有记录、计算的功能，而且可以用“三角高程测量”的方法，进行高低的量测，可以部分取代水准仪的功能。三角高程测量的原理是，为了量测 1 点和 2 点的高低差，在 1 处安放全站仪，在 2 处放测量标，测定竖直角 α_{12}，量取仪器高 h_1、测量标的高度 v_2，如已知 1，2 两点间的距离 S_{12}，就可以算出两点间的高差 h_{12} 为

$$h_{12}=S_{12}\tan\alpha_{12}+h_1-v_2$$

观测的数据可以在全站仪内自动记录和计算，结果即可输出使用。

这样，设备和技术的发展，也使得隧道施工测量效率显著提高，劳动强度明显减轻。

不仅如此，电子技术的进步也给隧道测量带来很大方便。以往，野外三角网各点至少有几十或超过百米的距离，相互间靠哨声、旗语、手势等联系；而隧道内更加困难，要靠灯光或哨声联系。如今，测点间用步话机联系非常自如，当然，野外使用手机同样方便。简单的量少的计算可以用计算器，复杂的量大的就用计算机。

航空摄影测量（航测）是利用飞机等飞行器对地面摄影，并对所得信息数字化处理，得到铁路沿线带状地形图的方法，可以广泛用于铁路勘测设计中。

航测的优点是，可以通过航摄像片在室内处理绘制成图，把繁重的外业测图工作改为室内作业，显著改善劳动条件，对于地形困难人迹罕至的地区，效果尤为显著。对于大规模的测绘工作，航测是行之有效的测图方法。

全球定位系统（Global Positioning System，简称 GPS）的应用为隧道测量开辟了更为简洁准确的途径。这两种高技术可以布设隧道平面控制网，并能进行高程控制测量，其精度完全能够满足规范要求。加上电子计算机的应用，铁路勘测设计工作者就从烦琐的、耗时的、艰苦的室内外作业中解脱出来。

GPS 是以人造卫星为依据的导航定位系统，该系统 1994 年建成，自开放民用以来，在各种测量领域得到广泛应用，对于隧道控制测量尤为适合。由于长隧道进出口间不能直接通视，控制测量采用“间接通视”的办法，就是采用三角测量或导线测量，这终究要在地面上敷设很多的测点，做很多复杂的操作和计算。假设 K 和 L 分别是隧道进出口的两个控制点，在 K 和 L 各自安置一台 GPS 接收机，若能同时收到 4 颗及以上相同卫星的信号，就可以精确测定出 K 和 L 的坐标差，达到相对定位，从而确定隧道进出口进洞方向。

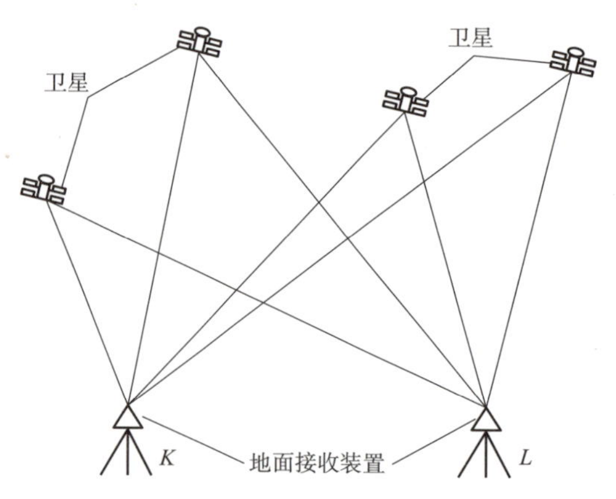

两点间 GPS 相对定位示意图

GPS 地面接受装置在工作

全球定位系统测量不需要控制点间通视，而且具有测量精度高、速度快、不受气候影响等等优点，因而很有可能会取代常规测量方式成为隧道控制测量的主要手段。20 世纪 90 年代修建西安—安康铁路的全长 18.456 公里的秦岭隧道时，正式采用 GPS 技术代替常规测量方法，建立隧道控制网，取得很好效果。

本文对于隧道的高程测量内容涉及较少，这是因为水准仪的放置位置可以灵活，与隧道其他作业不太干扰，而且其操作计算也没有中线测量复杂。实际上，高程测量的方法、仪器等多年来同样也有很大的发展和更新，在此不再赘述。

勘测设计阶段的隧道测量与施工阶段的隧道测量的仪器、方法有许多共同点，所以上面叙述是交叉进行的。但是，二者也有许多不同之处。

隧道施工测量工作大部分在地下进行，那里空间狭窄，昏暗潮湿，噪声大，干扰多，工作极其困难。好在，施工阶段的测量其精确度比起设计阶段来，相对要求没有那么高。可是，隧道工程是 24 小时不间断施工，技术负责人就必须随时提供掘进的方向和隧道各个部位的具体位置。因此，每天必须进行多次的方向、高低和长度的量测。在 20 世纪六七十年代，方向用经纬仪量测，高低用水准仪量测，长度用钢尺丈量，计算全靠纸上手工计算。想象一下，在狭窄昏暗的空间，在各种工程机械的干扰中，进行测量、记录、计算，该是多么困难的事。由于笔者主要从事施工测量工作，其中一些细节另著文叙述（见“隧道施工测量话今昔”）。

（文/图　金涵淼　安鸿逵；审核　刘成龙）

作者简介：金涵淼，高级工程师，享受国务院颁发的政府特殊津贴。1962 年毕业于唐山铁道学院，曾任唐山机车车辆厂副总工程师，早年曾在哈尔滨铁路局等单位从事工程技术工作。

参考文献

[1] 成昆铁路技术总结委员会. 成昆铁路 6[M]. 北京：人民铁道出版社，1983.

[2] 中华人民共和国铁道部. 迈向新世纪的中国铁道[M]. 北京：中国铁道出版社，1999.

[3] 中国铁道百科全书总编辑委员会《工程与工务》编辑委员会. 中国铁道百科全书 · 工程与工务[M]. 北京：中国铁道出版社，2004.

[4] 王兆祥. 铁道工程测量[M]. 北京：中国铁道出版社，2011.

第五部分　隧道施工测量的昨天和今天

（贵昆铁路未修通前贵州境内艰险的山间公路）

贵昆铁路，东起贵阳，西讫昆明，全线蜿蜒于云贵高原，山势险峻，地质复杂。尤其是六枝到宣威这一段穿越乌蒙山脉腹地，高山深谷，陡壁悬崖，地形奇险；地质主要是岩溶（喀斯特），地下河、溶洞密布；贵州多雨，有“天无三日晴”之说，雨天山间云雾缭绕，有飞瀑流泉，景色秀美，但对于铁路施工来说，却极其困难。

贵昆铁路原称滇黔铁路，全长 639 公里，1958 年 8 月开工，于 1966 年 3 月建成。1961 年时，东面火车可以通到贵阳西南约 100 公里的安顺，西面火车可以通到沾益。其中，昆明至沾益段的 156.8 公里系利用原有米轨铁路改建。此后，除梅花山隧道（全长 3968 米，是控制全线工期的关键工程）等重点工程外，线路基本停工。1964 年，滇黔铁路全面复工，修建安顺至沾益段（长约 380 公里），并改称贵昆铁路。那个时候笔者随单位转到贵昆铁路的大山坪子隧道，从事施工技术工作，也是笔者初次接触隧道施工的实际技术工作。

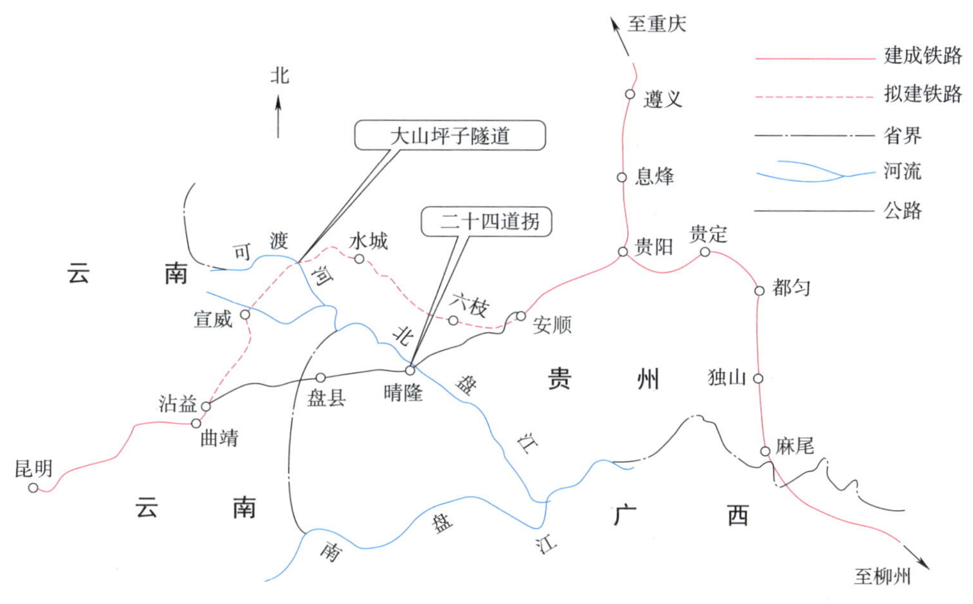

1964 年的贵昆铁路与滇黔公路示意图

贵昆铁路和滇黔公路

在贵昆铁路通车之前，贵阳和昆明间的客货运输就靠滇黔公路。人们出行可以从贵阳乘火车到安顺，然后坐长途汽车到沾益，再乘火车到昆明；当然也可以由贵阳直接坐长途汽车到昆明，可是这样走虽然少倒两次车，却多两段在山区颠簸之苦。总而言之，两个乘车方案都十分不便。而且，那时公路标准低，以较大的坡度，较小半径的曲线在崇山峻岭中盘旋，加之是土质路面，晴天尘土漫天，下雨则泥泞不堪，司机与乘客俱苦不堪言。

笔者在 1966 年初曾经自沾益坐长途汽车往安顺，这是滇黔公路最为艰险的一段。那段公路与拟建铁路相比似乎是捷径，其实都在山中盘旋，实际长度比图中显示的不知长出多少，长途汽车晓行夜宿却需要两天时间。汽车拂晓由沾益开车，午后到达晴隆县西南山坡上著名的“二十四道拐”的坡底。“二十四道拐”位于距晴隆县城以西约 1 公里处的莲城镇五一村半官坡，这段公路原有 24 个拐弯，后道路改造减少两个，现在尚有 22 个拐弯。

滇黔公路建成于 1936 年，是中缅公路在中国境内的一部分。中缅公路从重庆、贵阳、昆明直通缅甸曼德勒。抗日战争时期，大量物资从国外和大后方经过昆明、贵阳，抵“陪都”重庆，最后送到浴血奋战的抗日军民手中，为太平洋战争的胜利起到重要作用，为抗日战争的胜利做出重要贡献。1941 年，中国远征军出征缅北，也是通过这条公路前往缅甸的。

(a) 二十四道拐远眺

(b) 二十四道拐大部路段

滇黔公路的二十四道拐

当时，美国人把中缅公路称为“史迪威”公路，而“二十四道拐”是“史迪威”公路盟军支援中国抗战运输线上的一个重要环节，也是渝—昆—曼(曼德勒)公路中唯一完整保存并还在使用中的一段二战老公路。

二十四道拐虽然只有数公里长，可是长途汽车在这一面山坡上行驶了四五个小时。汽车于午后到达坡底，等爬到坡顶，翻过一座山，到达晴隆县城时已经是华

灯初上时分。旅客和乘务人员全都是满脸满身的红色尘土，而且 1966 年时的晴隆县城的唯一一家旅店早已客满。店家对此已经司空见惯，给每人发一床被褥，几十个人便在大堂席地而卧。次日清晨从晴隆出发，于夕阳西下时到达安顺。

由上述可见，尽管滇黔公路在历史上发挥过巨大作用，可是时至 20 世纪 60 年代还是急需一条贯通滇黔两省的铁路干线，以满足国民经济客货运输的需要。

在贵昆铁路修通后，沾益到安顺的 380 公里路程，不过数小时就到。如今，贵昆全线的行程，也就 9～11 个小时。

贵昆铁路是中国西南地区铁路重要干线，与湘黔、浙赣、沪杭三条铁路线共同组成中国南部的东西交通大动脉，为八横八纵的沪昆通道的一部分。

现在，二十四道拐所在的那条公路已然不起运输作用，然而作为特殊历史遗迹，仍然为国际友人和国内游客参观瞻仰。

像贵昆线这样的山区铁路，不可避免地有着大量的曲线。在铁路设计和施工过程中，为了测量设置这些曲线，尤其是隧道里的曲线，给科学技术人员提出不少难题，需要做大量的室内和现场的工作。笔者和同事们，从大山坪子隧道开始，经过不懈的努力，完成了一座又一座的隧道的施工技术工作。其中，测量工作是施工技术工作的重要组成部分。

大山坪子隧道，位于贵昆铁路中段，坐落在可渡河畔贵州一侧。可渡河是云南贵州两省的界河，下游便是北盘江。该隧道长 1924 米，是一座名不见经传的单线隧道，可是对于笔者来说却有着特殊的意义，因为自己的隧道施工技术工作从这里起步，工程经验也从此开始积累。

圆顺的铁路曲线

大家都坐过公共汽车，想必深有体会，汽车在拐弯时，有一股很大的力量试图将人向外甩出，致使站立不稳，这股力量就是“离心力”。离心力在火车也有，而且还很大，可是为什么人在火车上不仅没有甩出的感觉，而且和在直线上差不多呢？原因很多，主要有以下几点。

首先，城市道路受条件限制，转弯半径很小，也就是十几米、几十米，还常常“急转弯”。离心力的大小是和转弯半径成反比的，半径越小，离心力越大。而铁路的转弯半径要大得多，小则几百米，大的几千米，甚至上万米。正规公路的转弯半径在条件允许时可以达到数千米，可是汽车不像火车那样有轨道的约束，汽车转弯有一定的随意性，所以火车行驶时的离心力要小得多。“转弯半径”的专业术语是“曲线半径”。

在以下几张图的曲线中，京张铁路修建最早，1907 年建成，最小曲线半径 182.9 米，1949 年后经过多次改造，图(a)的铁路可能是改造后的线路，估计半径不会小于 300 米。其余 3 张图都是近一二十年修建的铁路，其标准更高，半径更大，比如近年建成的武广高速铁路，最小曲线半径是 9000 米，困难地段 700 米。总之，图中的曲线无论半径大还是小，给人的印象都是圆顺，列车在上面行驶定会很平稳。

(a) 京张铁路西段的曲线

(b) 大秦铁路的曲线

(c) 合武铁路的桥上曲线

(d) 京津城际铁路的曲线

铁路曲线实例

其次，一个重要原因是，铁路的轨道设有“超高”。就是外股钢轨比内股钢轨高出一个“超高”h。由于列车在一定速度 v 通过曲线，便产生作用在车体重心的离心力 f_1，而超高 h 则对车体重心提供一个向心力 f_2，如果 f_1 与 f_2 大致相等，离心力被向心力抵消，列车就会和在直线上一样平稳行驶，旅客在车上可以任意行走，感觉舒适。供汽车行驶的城市道路无法设置超高，没有向心力去抵消离心力，所以旅客在汽车站立、行走必须抓紧扶手。

高速公路虽然曲线半径也很大，但由于汽车速度快公路又无法设置超高，离心力无从抵消，所以要求司机和乘客要系好安全带。

曲线的超高 h 的大小，根据旅客列车的速度 v、曲线的半径 R、列车的质量 G 等等一系列的参数进行多次统计计算得来。

这样问题就来了，超高怎样设置？列车由直线一进入曲线，离心力 f_1 马上产生，必须立即有超高 h 产生向心力 f_2 来与其平衡，那么总不会在外股钢轨设置一个台阶来做成超高吧。于是，“缓和曲线”便应运而生了。

顾名思义,“缓和曲线”就是直线和圆曲线之间的缓冲带。

众所周知,直线就是半径 R 等于无穷大($R=\infty$)的圆曲线。缓和曲线位于直线和圆曲线间,其半径由∞逐渐增加到圆曲线实际半径 R,超高在缓和曲线范围内也由 0 逐渐增加到 h,曲率和超高都得到缓冲,从而使得列车对轨道的横向冲击力和列车的离心力可以逐渐增加而不致骤然发生。

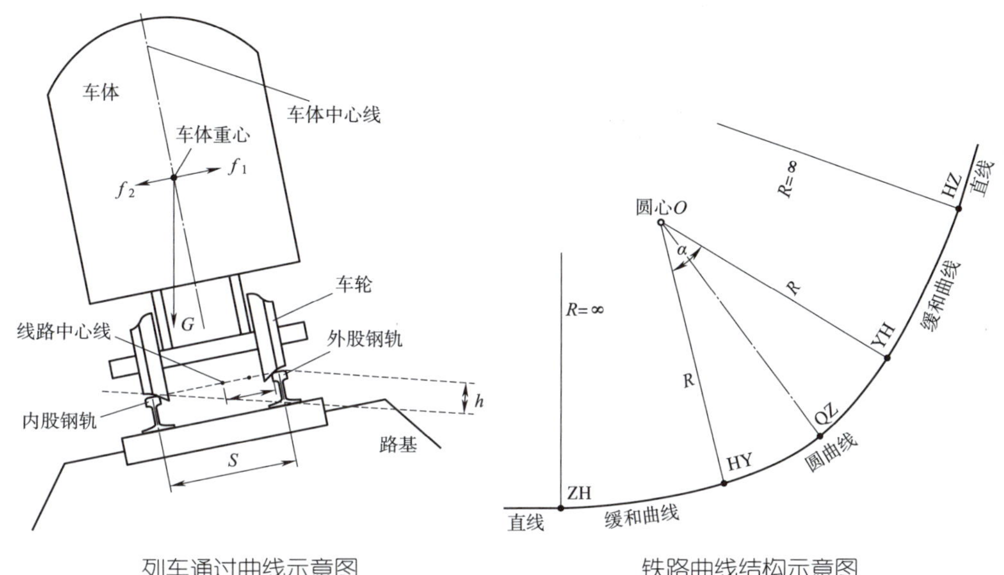

列车通过曲线示意图　　　　铁路曲线结构示意图

以上提到的“曲率”一般用符号 ρ 表示,是半径 R 的倒数,即 $\rho=1/R$。

从而可以得知,缓和曲线有以下三个方面的作用。其一,由直线过渡到曲线,这也是轨道曲线圆顺的原因之一;其二,超高由 0 过渡到 h,;其三,根据《铁路技术管理规程》的规定,半径小于 350 米的圆曲线轨距需要加宽,加宽值为 5～15 毫米,该值也在缓和曲线范围内过渡。

在上图中,铁路曲线的结构按从左到右的顺序是,直线→缓和曲线→圆曲线→缓和曲线→直线,从而构成一个完整的曲线。其中,ZH,HY,YH,YZ 各点分别代表直缓、缓圆、圆缓、缓直的汉语拼音缩写,是全铁路行业通用的代号。QZ 则代表曲线中点。

根据当前的《高速铁路设计规范》,最小曲线半径是 3000 米左右,半径大者在万米以上,所以,新修的高速铁路的曲线会更加圆顺。

在隧道内测设曲线

下图是贵昆铁路施工中的一座隧道的隧道口的老照片。照片右上方是上导坑，右下方是两个下导坑(该隧道是双线隧道)，在如此条件下要把线路中心线从洞外引入隧道内，其困难可想而知，还别说线路中心线是曲线。

施工中的隧道口

铁路曲线的测设方法很多，常用的有切线支距法、弦线支距法、弦线偏距法、极坐标法、偏角法等，但由于隧道里空间和环境的限制，不一定都合用。例如切线支距法，在 ZH(直缓点)摆放经纬仪，延长直线作 x 轴(切线)，如果要测设缓和曲线上的 p 点，就要根据曲线半径 R、缓和曲线长 l_0 等曲线要素，以及 p 点的曲线长 l_p，计算出 p 点的横坐标 x 和纵坐标 y，然后在切线上丈量出 x 的长，得到点 p 在切线上的投影点，再在该点垂直丈量长度 y(支距)，即可得到 p 点。重复同样方法，可以测设出缓和曲线上各点。圆曲线上的任一点 i，也可以用同样方法根据 i 点曲线长 l_i、i 点圆曲线长 l_i-l_0 及其他曲线要素计算出其横坐标 x_i 和支距 y_i，测设出 i 点。

由下页图和上述方法可知，切线支距法虽然具有在 ZH 可以测设曲线上多个测点的优点，可是其缺陷也是显而易见的，就是需要很大的、平坦开阔的空间，所以这个方法不适合用于隧道测量。

那么，换用弦线支距法行不行呢?

采用弦线支距法测设曲线，要分段进行，缓和曲线是其中一段。利用直缓点 ZH 和缓圆点 HY 间的弦作为 x 轴(弦线)，则可以把经纬仪摆放在直缓点 ZH，利用曲线要素及 p 点的 x 坐标 x_1、角度 δ_1 来求算的 p 点支距 y_1，从而测设出缓和曲线上的 p 点，并采用同样方法测设出缓和曲线上其他点。对于圆曲线，可以分几段测设，图中 HY-B 为其一段，将经纬仪摆放在缓圆点 HY，用类似方法，利用利用曲线要素及 B 点的 x 坐标 x_2、角度 δ_2 来求算的 B 点支距 y_2。从而测设出圆曲线上的 B 点，并采用同样方法测设出圆曲线上其他点。

弦线支距法同样不适合用于隧道测量。理由是显而易见的，一是该法要求 ZH 点与 HY 点之间要通视；二是每测设一个点必须安放经纬仪两次，即在 ZH 点一次，ZH 点与 HY 点间量长度 x_1 定出 p 点在 ZH-HY 弦上的对应点，再在那个点

安放一次在 90°方向量支距 y_1，方可得到 p 点。在隧道狭小、昏暗的空间里，弦线支距法明显不是最佳选择。

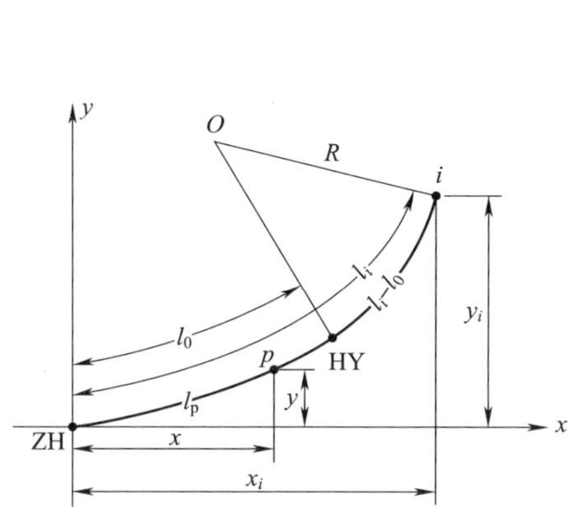

切线支距法测设曲线示意图

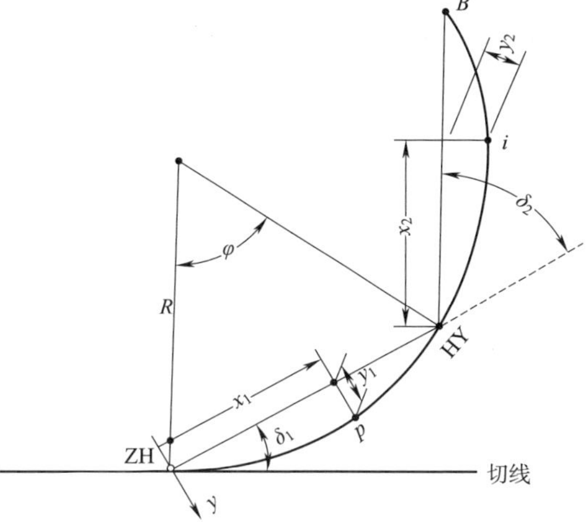

弦线支距法测设曲线示意图

所以，以上两种方法皆不适用。弦线偏距法和极坐标法都有类似情况，不再赘述。

可是，到底在隧道里用什么方法合适呢？

笔者回忆起当年求学时，《测量学》的授课老师王兆祥教授的一句话："偏角法测设曲线的精度虽然略逊于其他方法，然而却适合在隧道内使用。"

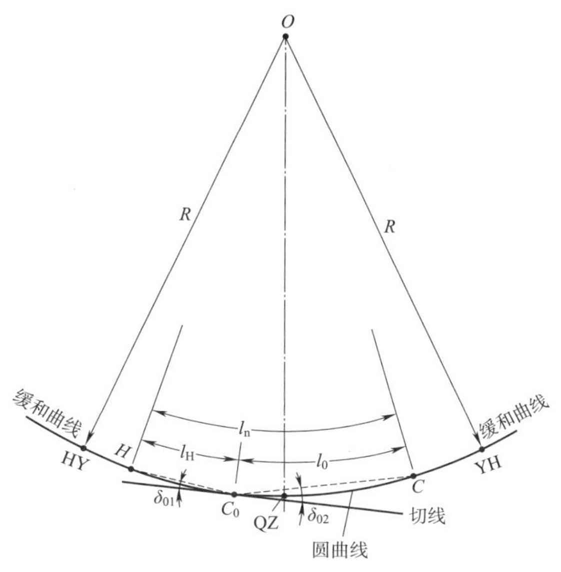

偏角法测设圆曲线示意图

偏角法测设圆曲线较为简单。HY 点与 YH 点间是圆曲线，假设 HY 点与 C_0 点间是已经开挖导坑的部分，需要测设 C_0 点向 YH 点方向上的 C 点，则需要进行以下操作。

在 C_0 点（置镜点）安放经纬仪，后视已知圆曲线上的 H 点，向左拨偏角 δ_{01}，此时视线已经在切线上，然后倒镜，再向左拨偏角 δ_{02}，在此视线上量取长度 l_0，即可得到 C 点。偏角 δ_{01} 与 δ_{02} 可以由两个途径获得。在 H 点、C_0 点、C 点都处于整十米点时，查阅《铁路曲线测设用表》直接得到 δ_{01} 与 δ_{02} 值；在以上三点的任一点不在整十米点时，按以下公式计算。

$$\delta_{01}=90l_{H}/\pi R$$
$$\delta_{02}=90l_{0}/\pi R$$

偏角法测设缓和曲线的步骤与上述类似。在下图中，假设 ZH 点和 C_0 点间是缓和曲线的已知部分，需要测设 C_0 点向 HY 点方向上的 C 点，则进行与测设圆曲线类似的操作，得到 C 点。

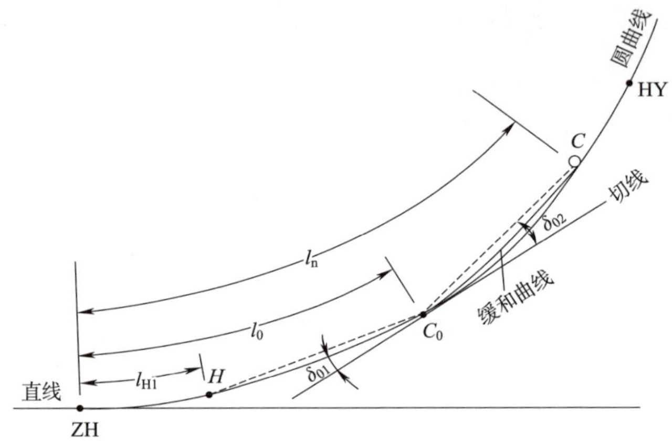

偏角法测设缓和曲线示意图

偏角 δ_{01} 与 δ_{02} 同样既可以查表，（H 点、C_0 点、C 点的任一点不在整十米点时）也可以用以下公式计算。

$$\delta_{01}=30(l_{H}-l_{0})(l_{H}+2l_{0})/\pi Rl$$
$$\delta_{02}=30(l_{n}-l_{0})(l_{n}+2l_{0})/\pi Rl$$

式中，l 是缓和曲线全长（ZH 至 HY 的曲线长）；π 是圆周率，π≈3.1415926。其余符号在图中都有显示。

由上述可见，在曲线半径 R 一定的情况下，圆曲线的偏角大小只和 l_H 或 l_0 的长度有关，而与经纬仪所在位置及后视或前视无关。例如，在 $R=500$ 米，l_H 或 l_0 为 10 米时，δ_{01} 或 δ_{02} 均等于 $34'23''$；如果 l_H 或 l_0 为 12.85 米时，则 δ_{01} 或 δ_{02} 均等于 $12.85\div10\times34'23''=44'11''$。因此，只须记住 10 米时 $34'23''$，其他按倍数相乘就可以得出偏角值来。

但是，测设缓和曲线就没有这么简单了。由以上其偏角计算公式可见，在曲线半径 R 一定的情况下，缓和曲线的偏角不仅和 l_H 或 l_0 的长度有关，而且和经纬仪所在位置、后视或前视，以及缓和曲线的全长有关。在此试举一计算实例，设 $R=400$ 米；$l=110$ 米；C_0 点距 ZH 点距离 $l_0=50$ 米；后视点 H 距 ZH 点距离 $l_H=20$ 米；前视点 C 距 ZH 点距离 $l_n=80$ 米。

则可算出偏角

$\delta_{01}=30(20-50)(20+2\times 50)\div(3.1415926\times 500\times 110)=0.781306°=46.878370'=46'53''$

$\delta_{02}=30(80-50)(80+2\times 50)\div(3.1415926\times 500\times 110)=1.171860°=1°10'19''$

为计算简便起见，上例的各个距离都是 10 米的整数，实际在隧道里是不太可能的，施工中隧道导坑里情况复杂，干扰很多，置镜点 C_0、后视点 H 和前视点 C 大多数不在 10 米整数点上，这就使得用上述公式计算缓和曲线偏角工作量大，而且多位数的乘除也容易出错。由于隧道内曲线的半径 R 和缓和曲线长 l 是一定的，笔者当时的做法是事先算好 πRl 的数值，记录在笔记本内，现场测量时先计算 $30(l_H-l_0)(l_H+2l_0)$，再将其结果除以 πRl 的数值（用对数表计算），即可得出偏角值，工作量稍有减少。即使如此，在 20 世纪 60 年代初，在现场用六位对数表加草稿纸手算，其工作量还是相当大的，尤其在隧道狭小空间内更是困难。其中甘苦亲历者自知。

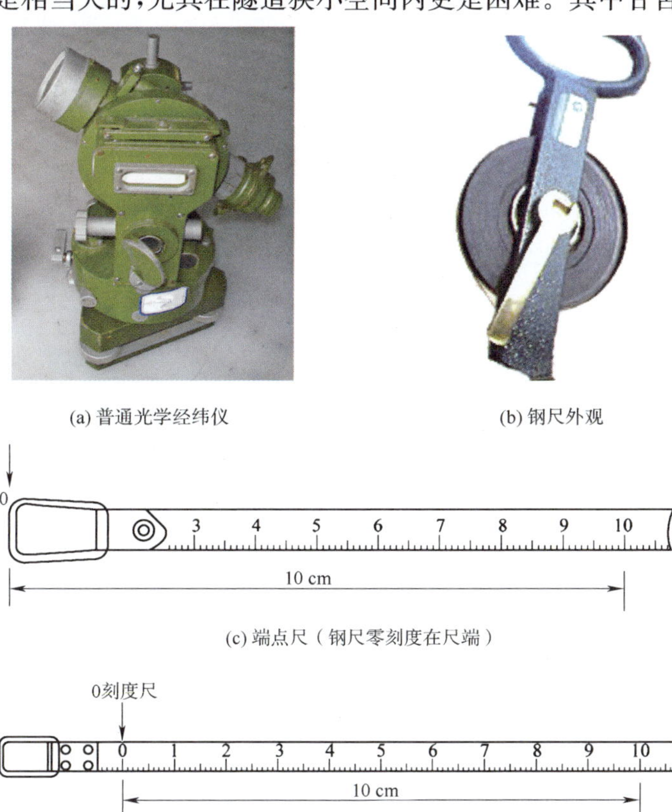

(a) 普通光学经纬仪　(b) 钢尺外观

(c) 端点尺（钢尺零刻度在尺端）

(d) 刻度尺（钢尺零刻度在尺端后）

曲线测量常用工具

当时操作的主要工具是普通光学经纬仪和钢尺。需要注意的是，钢尺有两种，一种是端点尺其零刻度在钢尺端头，见图(c)；另一种是刻度尺，而图其零刻度在钢尺端头后面三五个厘米处，见(d)。因此使用钢尺前应先注意零刻度的位置，以免出差错。笔者个人体会，刻度尺使用较多，使用也较方便。

在隧道导坑中测设曲线时，经纬仪安放在隧道导坑的 A 处，需要测设 B、C、D 三个曲线上的点，由于 D 在掌子面上，D 是主要需要的。先计算偏角 δ_1，经纬仪根据 δ_1 定出 AB 方向，在此方向上量取曲线 AB 的长度，得到 B 点；然后计算偏角 δ_2，经纬仪定出 AC 方向，由 B 点在 BC 方向上量取曲线 BC 的长度，得到 C 点；最后计算偏角 δ_2，经纬仪定出 AD 方向，由 C 点在 CD 方向上量取曲线 CD 的长度，得到 D 点。至此，曲线中线点 B、C、D 全部测设完毕。可是，有两个疑问，一是，为什么用弧长 AB、BC、CD 代替对应的弦长？二是，测设 C、D 点时不直接量取 AC 和 AD 的长度，却分段量取呢？

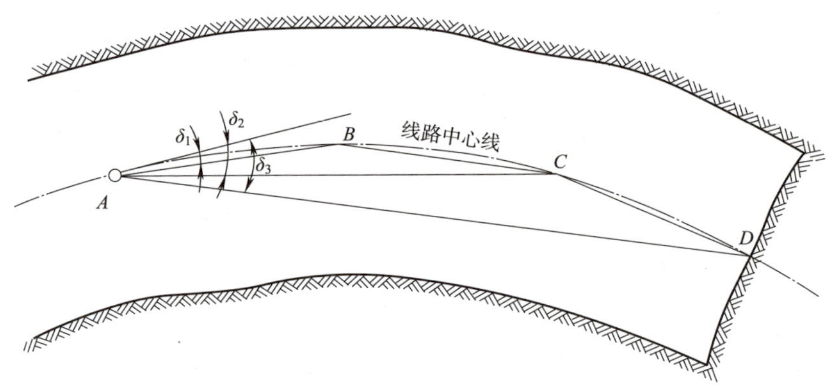

在隧道导坑里测设曲线

用弧长作为弦长是有条件的，例如在曲线半径为 500 米的情况下，30 米的曲线长与其弦长相差不足 1 毫米，所以在曲线长度较短时，弧长和弦长完全可以互相代替。另外，在隧道导坑中，测量工作条件恶劣，像图中 AD 间量测长度常会有阻碍，因此分段量取较为方便。

时至今日，上述的许多麻烦大多不复存在。比如，偏角计算借助普通计算器可以很快地把偏角算出来，且不易出错，就是手机附带的计算器也是可用的，可以不用携带对数表和草稿纸了。要是以全站仪代替经纬仪，则问题更为简单，因为全站仪不仅能够自动记录，还能进行计算，以及输出打印，这样连经纬仪手簿也省去了。

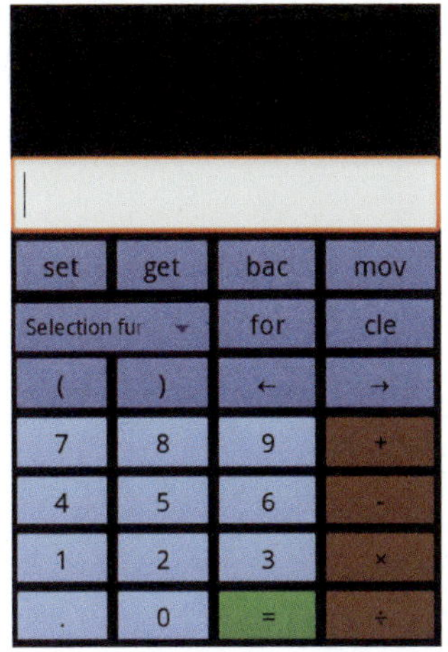

计算器

国产全站仪

如果再配备现在的电子测距设备，长度丈量的精度和效率会得以大幅度提高，使得隧道曲线测量的困难都得到极大的缓解。

隧道施工测量的几个小技巧

笔者所在的单位进入贵昆铁路施工时，几乎所有技术人员和管理人员都没有隧道施工的经历。加之当时的条件，也没有和外界交流的机会，一切全靠自己摸索。以下叙述的内容，对于经验丰富的行家来说，也许不值一哂，然而对于初学者，这些小技巧却是有用的，不是有人说“细节决定成败”么！

(a) 水准仪装在盒内

(b) 水准仪盒打开

水准仪盒

在隧道里开始工作时，我们常会发现经纬仪、水准仪上蒙上一层雾气，尤其是仪器物镜和目镜上的雾气擦不胜擦，无法工作，直至雾气完全消散，才可正常工作。产生雾气的主要原因是隧道内外的温度差与湿度差。洞内潮湿闷热，仪器进洞时还保持着洞外的温度，因此进洞后立即蒙上一层水雾，严重时会形成水珠流淌。

解决的办法是，进到隧道里之后，不要将仪器从仪器盒里取出来，而是先做其他准备工作。仪器在盒内接触不到洞内的湿气，不会蒙上雾气，过 10 分钟左右，估计仪器温度与洞内温度差不多一样时，取出仪器，上面不会产生水雾，就可以正常工作了。

再一个问题是，在经纬仪架设好，要照准目标时，在望远镜内找不到十字丝，无法照准目标。原因是隧道内光线昏暗，而且各方面的照明灯光干扰视线，当然也有经验的原因。

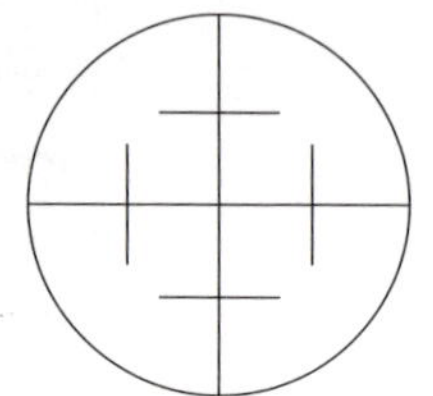

望远镜内的十字丝

这个问题解决起来很简单，用手电灯光在物镜侧前方侧面朝物镜照明，十字丝立刻清晰可见。从经纬仪望远镜目镜镜头看进去，可见十字丝的形状，其竖丝与垂球的垂球线重合时，表明已经对准目标，因为垂球尖端、线路中线点、垂球线是处于一条竖直线上。

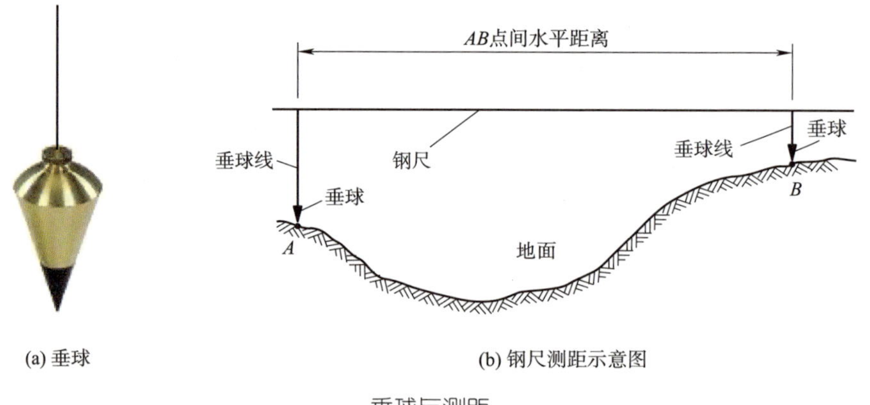

(a) 垂球

(b) 钢尺测距示意图

垂球与测距

还有一个问题是，用望远镜找不到目标，确切地说是找不到垂球线。

经纬仪对准目标的操作程序是，用手转动望远镜，大致对着垂球的方向，然后调整望远镜，从中看到垂球、垂球线，达到下页图(a)的程度时按动经纬仪水平制动旋钮固定水平度盘，再旋转水平微动螺旋，使十字丝的竖丝与垂球线重合，则已经对准目标，见图(b)。

在目标较近时，在望远镜中寻找垂球线还比较容易，可稍远一些，常常看不见垂球线，开始笔者和同事们以为是照明不够，于是用大瓦数灯光照垂球线，然而效果甚微。后来分析原因，是由于垂球线太细，再强的灯光下也是一条黑线，必须另

想办法。这个办法就是给垂球线一个亮的背景，距离较近时用白纸蒙在手电上，开亮手电，置于垂球线后面朝向经纬仪，这时垂球线处于亮白的背景前面，在望远镜中便看得很清晰；距离较远时，使用预先做好的灯箱，灯箱前面是白纸，后面用灯泡照明，效果更佳。

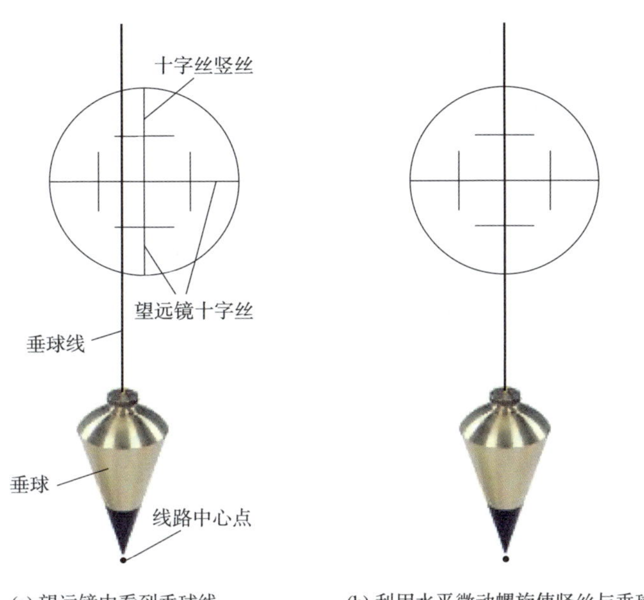

(a) 望远镜中看到垂球线　　(b) 利用水平微动螺旋使竖丝与垂球线重合

经纬仪望远镜对准目标

垂球虽说是手工工具，但其用途很多，例如：一是“对点”，像图示那样，悬挂在线路中心点处，垂球线就代表线路中心线，作为仪器对点之用；二是“对中”，垂球悬挂在经纬仪基座下的挂钩上，这时垂球尖端就代表仪器中心，调整经纬仪位置使垂球尖对准线路中线点，这时仪器中心就处于线路中心线上（有光学对中装置的仪器还需要进行光学对中）；三是量取两点间距离。量取方法是：一人手持钢尺端部，一个手指（食指或中指）套入钢尺端部的环内，另一只手将垂球线放在钢尺零刻度上，并将垂球尖对准需要量测距离的其中一点；另一名操作者一只手握紧钢尺，另外一只手将垂球线在尺上慢慢移动，使垂球尖对准需要量测距离的另一点，两人将钢尺尽量拉紧，这时此人即可看到尺上的读数，并报给记录者，本次量取完毕。在此二人操作的同时，还需有第三人目测或用水平尺指挥使钢尺处于水平状态。就因为垂球如此有用，时至今日还在现场广泛应用。

需要说明的是，游标经纬仪和老式水准仪的望远镜内看到的物体是正像，也就是说和肉眼看见的一样，而光学经纬仪，乃至当今使用的全站仪、水准仪，望远镜内的物体都是倒像。

为什么当今的仪器不制成正像的？主要原因是，仪器需要多加一组棱镜才能形成正像，这样势必增加望远镜长度，加之多一次折射望远镜内的光线就会折减一些，故此今天的仪器都是倒像望远镜。游标经纬仪和老式水准仪的望远镜都比较长，仪器也偏于笨重。初学者对倒像目标不习惯，适应一段时间就会发现目标无论是正是倒，测量效果是一样的。

还要说明，所有测量仪器的望远镜与军用的、民用的望远镜不同，都是单筒的，所以操作时只能单眼凑近目镜照准目标。这时，另一只眼睛务必一样睁着不能闭上，否则会很累，时间长了面部肌肉甚至会发生痉挛。因此，要睁着两眼进行单眼观测，检验工作者使用显微镜也是这样操作的。

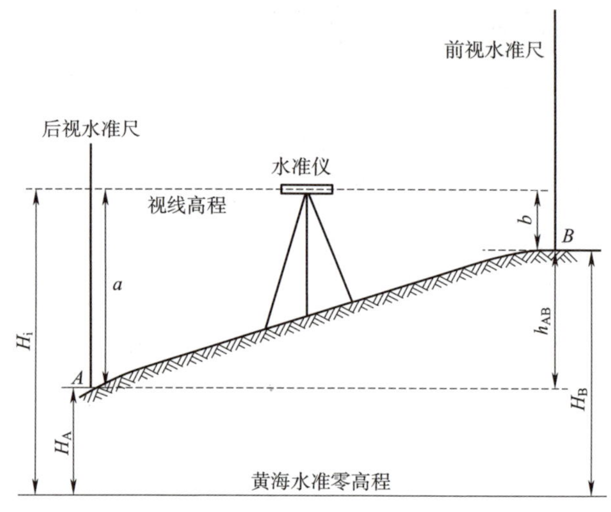

水准测量原理示意图

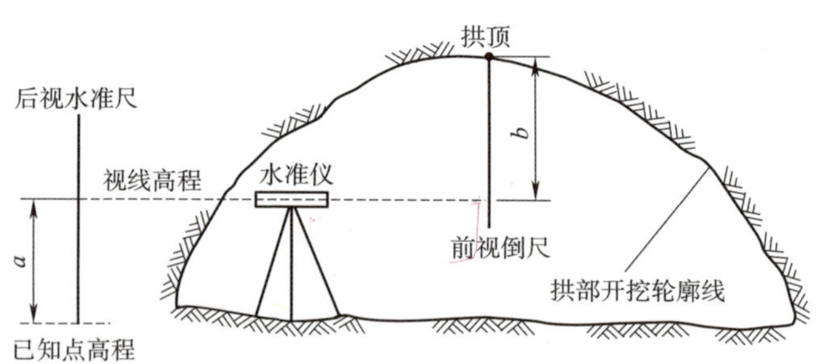

在隧道拱部开挖后抄平(倒尺法)

水准测量，现场称为“抄平”。假设已知 A 点高程为 H_A，需要测量 B 点高程 H_B。水准仪架设在 A 和 B 之间，而且尽可能位于 AB 中点(为了消除仪器误差)。后视 A 处水准尺，得读数 a，视线高程 $=H_A+a$；旋转水准仪，前视 B 处水准尺，得

读数 b，则 B 点高程 H_B = 视线高程 − b。如果需要测量许多点的高程，就后视这些点的水准尺，按上述步骤依次进行。

在隧道拱部开挖完毕之后，要测量开挖面大小是否设计尺寸，其中需要测量拱顶高程，这时可以用简便的“倒尺法”。

在上页图中，水准仪架后视已知点水准尺，得读数 a，算出视线高程，然后在拱顶立倒尺。由于拱部空间狭小，水准仪一般与前视点、后视点较近，因此可以用钢卷尺作为后视倒尺。这时，视线高程仍然等于已知点高程 + a，而拱顶高程 = 视线高程 + b。注意，倒尺计算是 + b，而非正尺的 − b，不可弄错。用“倒尺法”，使得测量高于视线处所的高程变得方便快捷。钢卷尺都属于端点尺，用倒尺很方便。

(a) 钢卷尺外形

(b) 钢卷尺刻度

20 世纪 60 年代的钢卷尺

自动安平水准仪的出现，使得水准测量工作效率明显提高。近年来，现场所用的电子水准仪更使得测量工作者如虎添翼。电子水准仪具有普通水准仪无可比拟的优点：观测速度快，可以自动读数、自动记录、自动校核，并且立即用数字显示测量结果，一次读数几秒钟便可完成；观测精度高；易于实现测量内外业一体化；仪器重量轻，可以减轻劳动强度。

自动安平水准仪

电子水准仪

关于隧道竣工测量

根据有关规范的要求，隧道竣工后需要进行竣工测量，其中重要的一项是测量隧道净空断面。这项工作包括测量轨面高程处的边墙对于线路中心线的距离，起拱线处对于线路中心线的距离，内拱顶高程，以及距轨面高程 5.8 米高处半拱宽度 e。并且要求在隧道直线地段每 50 米，曲线地段每 20 米测量一处。其他需要处（例如衬砌明显变形处）还需加测。

轨面高程处净空宽度的测量比较简单，无非是常规的抄平、测距而已。可是其余几处净空的测量就有些困难，原因是这几处都在高处。

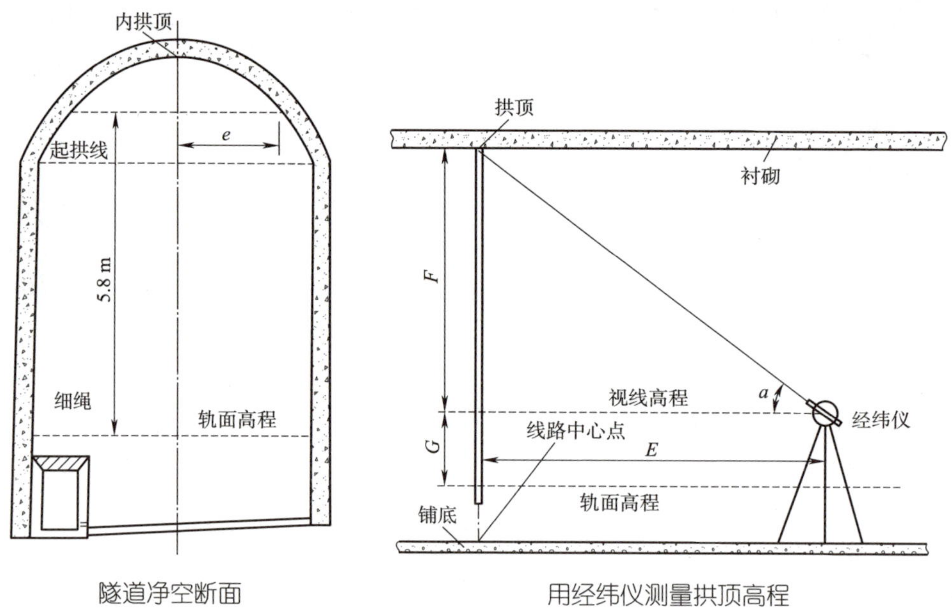

隧道净空断面　　用经纬仪测量拱顶高程

开始，采用上图的办法，在距离要测量断面线路中线点一定长度（E）处安放经纬仪，在线路中线点处竖立一根长杆子，上端顶到拱顶，经纬仪照准拱顶，测量竖直角 α，以及经纬仪中心高程。这时拱顶高程就等于轨面高程＋G（经纬仪中心高程和轨面高程差）＋F，F 用正弦函数计算

$$F=E\times\tan\alpha$$

笔者偶然见到南宋数学家秦九昭著于公元 1247 年（淳佑七年）的《数书九章》，其中有一幅插图叫做“表望浮屠”。“浮屠”就是“宝塔”，“表望”的大意是“由地表看”，其实是通过观测宝塔顶部的角度并运用正切函数，从而计算出塔尖的高度。

当时所用的观测方法虽然与“表望浮屠”的方法大致暗合，可是我们不得不由

衷敬佩古人的杰出智慧。试想，700多年前的计算工具是“筹算”，以刻有数字的“竹筹”（竹片）记数和运算，别说观测设备和计算工具，那时连阿拉伯数字都没有，古人居然能进行如此复杂的计算，真的令人赞叹。算盘虽然于公元1世纪便由东汉徐岳发明出来，但真正取代筹算，普遍应用据说是在明代。《数书九章》分18卷，共九九八十一问，内容涉及算数、几何、多项式方程、线性方程组等等数学题目，“表望浮屠”只是其中一问而已。可见该书的博大精深，可称为一部实用的数学手册。

回到上页图，这个虽然可以解决测量拱顶高程问题，可是但是还是无法解决起拱线处宽度，特别是半拱宽度的测量问题，还需要另想办法。

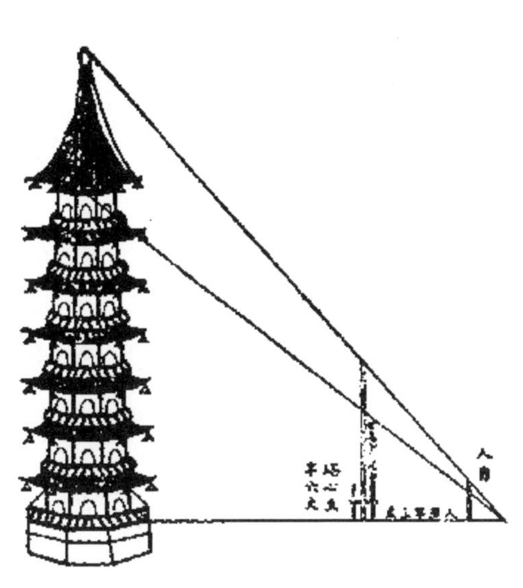

表望浮屠

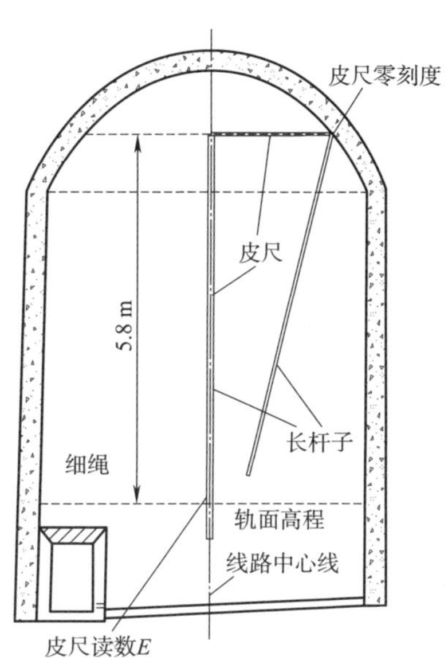

手工量测半拱宽度

笔者的同事想出索性全部用手工量测，不使用仪器的办法。以下是测量半拱宽度 e 的方法。该法是，先制作两根长杆子，其中一根长度要大于5.8米，而且要直顺，上端固定一个铅丝弯制的圆环，大小以能穿过皮尺为宜，下端在5.8米处画上标记；另一根略短，将皮尺零刻度固定在其上端。操作时，由两人手持细绳两端，分别放在边墙上轨面高程处，并且绷紧；再由一人举起直顺的长杆子，将5.8米的标记对准轨面高程线，还需要一人从正面、侧面指挥持杆者，令其将杆各个方向都呈铅直状态；这时，第五人手持另外一根长杆子将皮尺零刻度贴在拱部，并由别人目视指挥皮尺上端呈水平状态；此时，立即在皮尺下端轨面高程处读数（I）。可以简单地算出半拱宽度 e

$$e=I-5.8$$

这个方法，过于手工化，操作需要六七人，而且精度也不高。尽管如此，毕竟较为快速地完成了隧道净空量测任务。事实证明，只要操作时细心一些，精度可以满足竣工测量的要求。

起拱线处宽度、拱顶高程皆可以用同样方法轻易地得到。

此后，在成昆铁路、襄渝铁路的数座隧道的竣工测量都是使用这个方法。

总而言之，上述是一个笨办法，多年来笔者一直困惑：有没有更好更快的法子？况且，当前修建的隧道多为曲墙式衬砌，加之现行《新建铁路工程测量规范》对于竣工测量要求更高，上述的笨办法显然不适合当今使用。

光阴荏苒，几十年匆匆逝去。最近，笔者就这一问题向一位从事测量学教学与科学研究的教授求教。他说，现在隧道衬砌净空测量很简单，主要靠精密全站仪。拆去精密全站仪上面的提手，便可进行衬砌净空的扫描。

这位教授还请他的助手进行演示，仪器可以摆放在欲测隧道断面的隧道中心线上，也可以摆放在欲测断面的任何位置，只需仪器望远镜视线与线路中心线垂直即可。在下图中，操作者用手持终端操纵全站仪，使其望远镜绕横轴旋转360°，仪器即可将断面数据记录下来。俟扫描完毕，在室内便可以把断面打印出来。然后，把这实测断面与设计断面进行比对就可以知道实际断面是否有超限处。至此，笔者的困惑终于释怀。

精密全站仪不仅可以扫描已经建成隧道的衬砌净空断面，还可以扫描全断面开挖施工的隧道断面，以便检查断面的超挖或者欠挖的情况。

精密全站仪(已经拆去上面提手)

精密全站仪的扫描操作

全站仪不仅可以安放在线路中心线上扫描而且还可以安放在线路中心线进行扫描，以免和隧道内其他作业相互干扰。

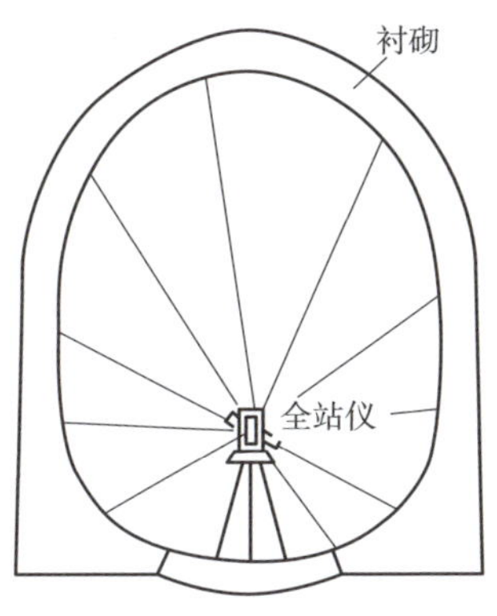

(a) 扫描建成隧道衬砌净空

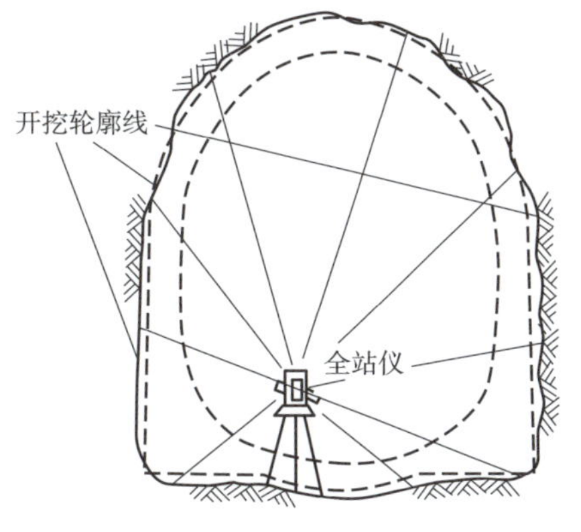

(b) 扫描全断面开挖断面

精密全站仪扫描隧道断面

蜜蜂箐 1 号隧道施工测量工作的特点

成昆铁路蜜蜂箐 1 号隧道位于云南省禄丰县一平浪镇附近名为响水河的山谷内，1966 年笔者在此参加施工技术工作。这座隧道的出口和另一单位承担施工的蜜蜂箐 2 号隧道进口相对。

施工中的蜜蜂箐 2 号隧道

蜜蜂箐 1 号隧道长度不足千米，其唯一特点是在其中间地形允许处开挖了一座横洞，目的是增加两个工作面，以期早日完工。这样一来，给测量增加了很多工作量，*A* 点和 *B* 点是设计单位给定的横洞中心线上的点，进行施工测量时据此开挖横洞。长度 *BC* 与左右两条支洞长度 *CD* 和 *CE*，以及角度 *BCD*、*BCE*，还有

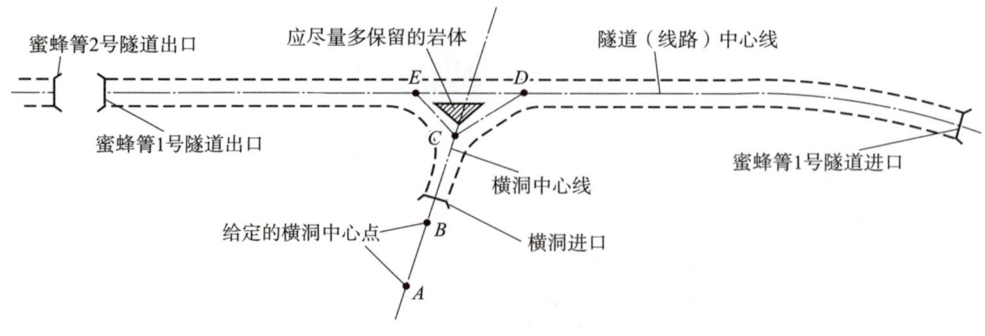

蜜蜂箐 1 号隧道横洞测量示意图

CD、CE 与隧道中心线的夹角也是设计单位事先给定的。

拥有以上数据后，横洞施工测量得以顺利进行。这一操作实际上是一种导线测量，为了工作面之间能够按照规范规定贯通，笔者和同事们不计其数地奔波于隧道进出口和横洞间，做了大量的、细致的、艰苦的量测和计算。要知道，进口和横洞间、横洞和出口间是将近 1 公里的山路啊。

施工时必须注意的是，隧道正洞与横洞一块三角形的岩体应予以保留，而且尽量不破坏其整体性，以保证开挖跨度不致过大而造成落石甚至坍塌。

“升级版”的弦线支距法的应用

前述曾经提到弦线支距法，虽然这个方法不适合在隧道里使用，但是受此启发笔者在进行一段路基填土的测量中升级使用了。

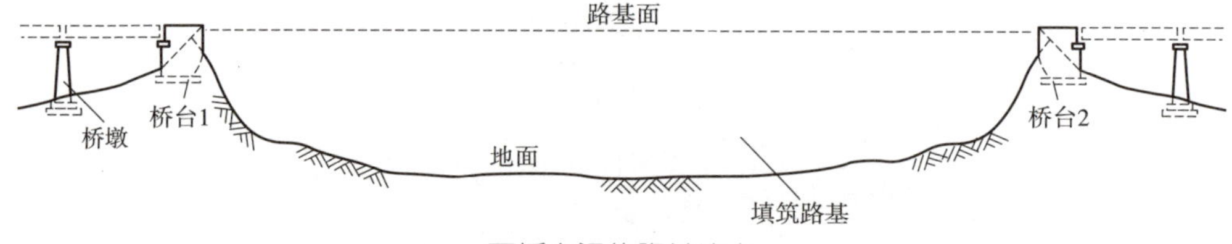

两桥台间的路基填土

这段路基位于襄渝线达县车站靠重庆一侧，在两座桥梁之间（即桥台 1 与桥台 2 之间），长度超过 100 米，最大填土高度约 6～7 米。这段线路周围基本平坦无遮挡，本来测量工作没有难度，可是问题在于填土是铲运机施工，在路基范围内没有条件长时间放置测量仪器占用线路中心线进行工作；这段线路既有直线也有缓和曲线，测量又必须多次在线路中心线处工作。而且铲运机填筑一层（厚度 30～40 厘米）后，中桩和边桩都不见了，就需要向测量工作人员索要“边桩”，一天之内需要数次放边桩。

铲运机在路基上工作

“边桩”标示的是路基坡脚的位置，填土应该填筑在两边边桩范围内，超出范围是无效工作。随着路基填土的高度增加，边桩按照路基边坡的设计坡度逐渐内收，因此放边桩的次数十分频繁，所以必须找到一种相对简便的测量方法来。

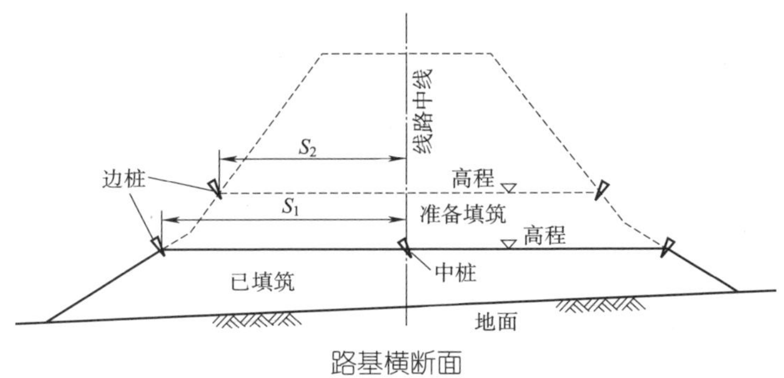

路基横断面

幸运的是，两座桥的墩台都已经建成，在桥台 1 与桥台 2 上已经有固定的线路中心点，两点间距离虽较远，但通视条件良好。

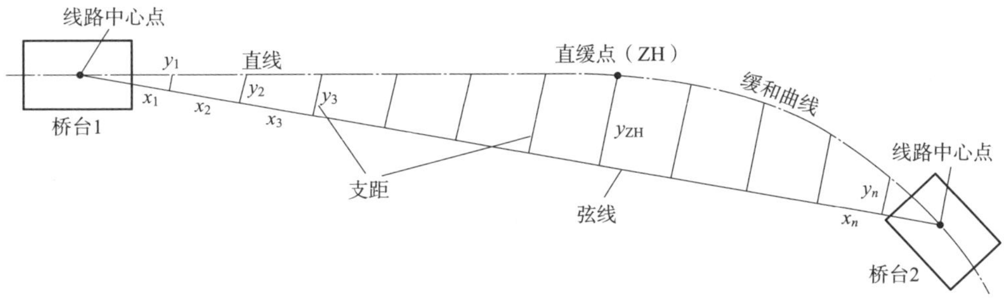

桥台间线路测量图

在铲运机路基填土施工进行前，在室内做好内业。内业的主要内容有：绘制桥台 1 和桥台 2 间线路测量图；计算桥台 1 和桥台 2 间直线的长度（弦长），并将其分成若干等份，即 $x_1, x_2, x_3, \cdots, x_n$，每份长 5 米或 10 米；用“坐标变换”等方法计算弦到线路中心线的支距 $y_1, y_2, y_3, \cdots, y_n$，以及对应的里程；将计算结果绘制成表格。

上述计算工作量较大，但每次现场测量都会用到，可说是一劳永逸。

现场测量时，人员分为两组，一组将经纬仪安放在桥台 1 线路中心点处，瞄准桥台 2 的线路中心点，在弦线上利用计算结果的表格数据 $x_1, x_2, x_3, \cdots, x_n$，定出弦线上各等分点，在各点的弦线的垂线上利用计算结果的表格数据 $y_2, y_3, \cdots, y_n$ 定出相应的线路中心桩（中桩）。

另一组用水准仪测定各个线路中桩处的高程，据此计算出边桩至中桩的距离 s_1。

然后在线路垂直方向上量取 s_1，得到边桩位置，打入边桩。

由于路基填土要求的精度并不高，在弦线上作垂线不必使用经纬仪，借助方向架和花杆用肉眼就可以瞄出垂直方向来。至此，一次放边桩操作完毕。

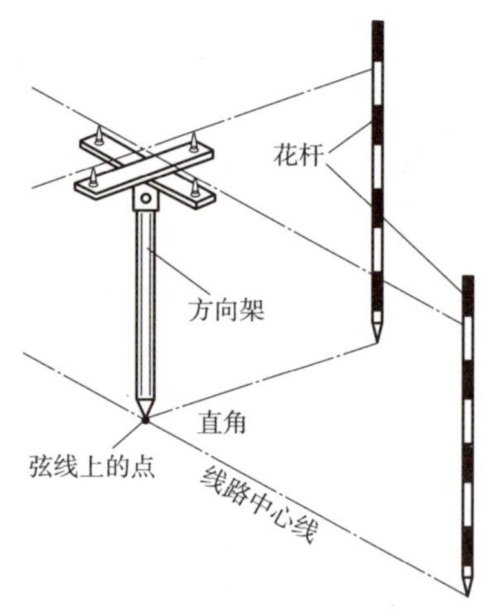

方向架定垂直方向

隧道工程施工工作者承受着巨大的压力，这些压力来自工期短进度紧，建筑材料供应不上等等因素，但更多来自隧道的特殊工作环境。比如，地质情况的突然变化，出现破碎带会导致塌方，猝不及防的塌方、岩爆可能造成人员伤亡和经济损失；出现断层会产生大量涌水涌泥；出现瓦斯则有爆炸危险，等等。在深埋的地下，危急状况是无处不在的，笔者曾经经历过隧道内运输石砟的车辆脱轨的事故，不仅有人员受伤，而且导坑支撑被撞造成塌方，损失很大。

隧道工程施工的测量工作者，承受的压力更有甚之。除上述因素而外，他们还需要排除种种干扰把隧道中心线和高程引到需要的处所。在掌子面随时指导开挖的方向；在拱部、边墙处要描绘开挖轮廓，避免超挖或欠挖；在开挖好准备架立模板的地方要进行放样，等等。不仅如此，更大的压力还来自对于未来隧道是否能够按规定贯通的担忧。这些因素，常常使得隧道工作者，尤其是测量技术人员食不甘味，夜不成寐。

时光如白驹过隙，几十年来，科学的发展，社会的进步，人们的工作、生活条件发生翻天覆地的变化。新设备、新方法、新技术、新材料的不断出现使得隧道施工

走向现代化的轨道。施工进度得以飞速提高，安全情况有显著改善。超前地质预报技术可以预知地质情况的变化，从而提前采取应对措施。先进的测量仪器、现代测量方法给隧道测量工作者带来很大很多方便，准确度、工作效率极大提高，劳动条件明显改善，劳动强度显著降低。想来，今天的隧道施工的管理人员、技术工作者（包括测量工作者），所承受的压力会得到某种程度的缓解吧。

（文/图　安鸿逵　匡传经；审核　刘成龙）

作者简介：匡传经，高级教师。1962 年毕业于长沙铁道学院，早年曾在贵昆、成昆、襄渝等铁路，以及长沙铁路分局从事施工技术工作，后从事教学工作，直至退休。

参考文献

[1] C 阿脱伍特. 简明六位对数表[M]. 上海：上海科学技术出版社，1965.
[2] 成昆铁路技术总结委员会. 成昆铁路 6[M]. 北京：中国铁道出版社，1983.
[3] 王兆祥. 铁道工程测量[M]. 北京：中国铁道出版社，2011.

第六部分　隧道施工的昨天和今天

（1909 年建成的京张铁路穿越燕山山脉的八达岭隧道和屹立在青龙桥车站的中国杰出铁路工程师詹天佑先生的铜像）

我们乘坐的 T61 次列车从贵阳出发，终点站是昆明，旅程 638 公里，历时 9 小时 48 分钟。开车时将近 21 点，就寝还早，车厢内的旅客就互相攀谈起来。这条铁路多隧道，不知哪位旅客提起前几年，即 2010 年下半年智利圣何塞铜矿发生的矿难，33 名矿工被困 69 天，最终于 10 月 13 日全体获救的事。笔者对大家说，本人曾经有过类似的经历，尽管规模没有那么大，时间也不长，但也是惊心动魄，牵动许多人的心。如果愿听，就慢慢道来。

乌蒙山麓可渡河畔的一场事故

转瞬间事情过去多年，情景依然历历在目。

那是 1965 年年初，笔者参加贵阳至昆明铁路（就是我们此刻经过的贵昆铁路）的一座隧道出口（昆明侧）的施工技术工作。贵昆铁路全长近 640 公里，全线蜿蜒于云贵高原山区，山势险峻，地质复杂。这座隧道长约 1920 米。坐落于云贵交界贵州一侧的乌蒙山腹地的崇山峻岭中，旁边就是两省的界河，当地称为可渡河，实则是北盘江的上游。贵州多雨，那天却是罕见的晴天。夜里在现场处理完一些事务，精疲力竭的我凌晨 2 时才回到帐篷就寝。就在天蒙蒙亮，应该睡梦正酣时却莫名地惊醒了，隐隐觉得有些不妥。再也无法入睡，于是披衣而起，来到帐篷之外。天色虽已放亮，可雾气仍旧凄迷，万籁俱寂。遥望隧道工地，但见人影幢幢，一片忙乱。这时我才明白，是什么把我惊醒了，原来工地的空气压缩机停了。隧道是 24 小时不间断施工，压缩空气是不可或缺的动力之一，而且工地备有多台空气压缩机，即使检修，也是轮换的。我们终日在机器的轰鸣中工作、生活，已经习惯了，难怪一片寂静反而把我从睡梦中惊醒。于是，赶忙换上工作服，急匆匆向隧道口跑去。

到那一问，果然出事了。这一工班的任务告一段落，早餐已经送到工地。因为隧道的上导坑刚刚掘进了 20 米左右，大家都在洞口外吃饭。这时只听隧道内“轰”的一声巨响，冲出一股尘土。大家知道，塌方了！经过点名查找，少了一个人，种种迹象表明他被捂在里面，而且生死不明。现场指挥者立即组织救援。塌方体都是土夹石，由于条件所限，只能使用手工工具挖掘。经过十几个小时的努力，塌方体清除过半，用力打入一根钢管，敲击后发现里面有反应，大家这才松了一口气，里面的人活着！同时通过钢管向里面输送了饮水和干粮。又经过十几个小时的挖掘，终将该人救出，除受些惊吓外，安然无恙。原来，他很快吃完饭，觉得冷，就到上导坑里面休息，塌方后里面还有一些空间，没有直接伤到他。至此，这场事故以有惊无险告终。

20世纪60年代或更早隧道是怎样施工的

往事萦回，那时隧道施工的场景仍如在眼前，和今日铁道科学的飞速进步对比之下，不禁感慨万千，真可谓翻天覆地的巨变啊。

有人问，上导坑是什么，为什么会塌方？右图是铁路隧道衬砌和分部开挖的示意图。隧道的整个高度约8米，在当时的技术和设备条件下是不可能一次挖就的，必须分成若干部分来开挖。图中的上导坑和下导坑就是最先挖掘的。在隧道洞口段纵剖面中，字母A标示的是塌方的大致位置。塌方的原因比较复杂，“洞口段”位于覆盖层，地质条件差，山体破碎，加上贵州多雨，地表水汇集，极易发生坍塌。导坑开挖后是用木排架支护，支护的木料容易产生变形或断裂，地层压力增加致使塌方发生。洞口段用木排架支护，导坑里面的支护与其大同小异。在20世纪的50年代以前，甚至60年代初期，隧道大多应用木排架支护。用现代眼光来看是极其不环保的，不仅耗费大量木材，安全性也差。

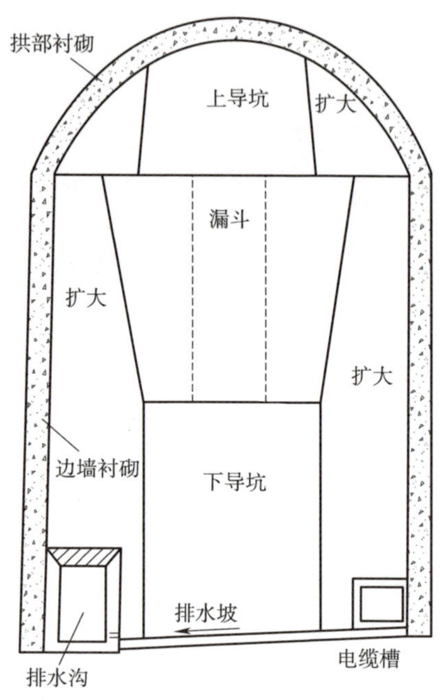

铁路隧道分部开挖示意图

当时铁路隧道施工的方法，是沿用了多年的矿山法。我们当时用的是矿山法中的上下导坑先拱后墙法，就是上导坑和扩大部分开挖，爆破下的石砟通过漏斗卸至下导坑，用斗车运到洞外，弃至合适地点，然后再施作衬砌混凝土。在贵昆铁路建设的20世纪60年代已经较为普遍地采用风动凿岩机钻孔，黄色炸药（硝铵炸药）爆破的开挖方法了。

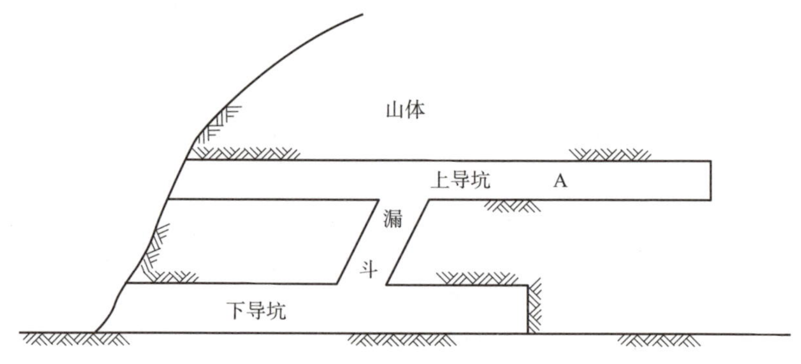

隧道洞口段纵剖面示意图

风动凿岩机，俗称风枪，我国自 20 世纪 50 年代开始使用，但前期建设的成渝（成都至重庆）、天兰（天水至兰州），以及稍后的兰新（兰州至乌鲁木齐）还采用人工钻孔。钻孔，俗称打眼，就是在岩石上钻一米多至两米深的孔（炮眼），在孔里装填炸药，用导火索、雷管引爆，将岩石炸作碎块（工程上称为石砟），装在斗车里运至洞外。

隧道洞口段木排架支护

这座隧道开工时用的风枪是不带支腿的，操作时必须一人抱持钻杆，另一人操作风枪施钻，劳动强度是很大的，效率也低。不久，配备了带支腿的风枪。风枪的重量主要由支腿承受，劳动强度明显降低，效率也随之提高。支腿的长短可以借助压缩空气控制，还能够吸收一部分振动。

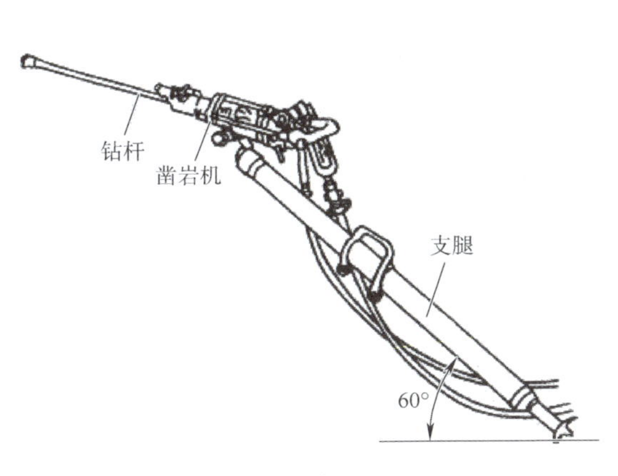

风枪

用凿岩机在岩石上钻孔

不带支腿的风枪

带支腿风枪钻孔

我国在 20 世纪 50 年代及更早，隧道施工钻孔是手工打眼的。操作是一人手持钢钎，钎头对准岩石上炮眼位置，另一人手持大锤，击打钢钎尾部。这种操作不仅需要充沛的体力，也需要一定的技术和经验。例如，每击打一下，持钎者必须把钢钎旋转一个很小的角度，这是为了最后打出的炮眼横断面呈圆形，也是为了便于钢钎拔出；再如，持钎的手要保持与钎头一定距离，以免万一大锤击偏时伤及手臂。操锤者击打钎尾非但需要力量与耐力，还需要准确，打高处眼难度更大。由下图可见，人工打眼的劳动条件之差，工作效率之低，可窥一斑。据资料介绍，当年爱国工程师詹天佑先生主持京张铁路修建八达岭隧道时，工人全部是手工打眼。

人力手工打眼

八达岭隧道的修建是 1907～1909 年的事。八达岭隧道是我国隧道建设史上的里程碑式的建筑之一，因为京张铁路是中国人自主建成的第一条铁路，而八达岭隧道

是这条铁路最长的隧道。该隧道长1091米，工程历时仅一年半，在当时条件下应该是奇迹。为了缩短工期，在隧道中部山顶开凿一座深约25米的竖井。在竖井底部隧道位置向进出口开挖，这就多了两个工作面。隧道建成后，竖井改建为运营通风井，至今犹存。图(a)是八达岭隧道竣工时的资料照片；图(b)是八达岭隧道近照。那时水泥奇缺，隧道边墙用浆砌片石砌成，拱部用预制混凝土块砌制，而铺底用石灰三合土铺就。我们施工的年代水泥已经不是大问题了，隧道衬砌全部由混凝土灌筑。

八达岭隧道

话题还是回到我们1965年施工的隧道。前面说过，那座隧道用的是先拱后墙法，在上导坑扩大之后立即进行拱部施工，施工拱部见下页图。左图是拱部扩大后安装了拱架和部分模板的情况。那时人们已经对节省木材有了初步的认识，所以拱架和模板刚刚由木制过渡为钢制。1964年隧道开工前已经绘制好木拱架的设计图，由于钢拱架及时运到，该图就没有投入加工，只需画出右图的弧形木的大样交付加工即可。钢拱架沿隧道纵向每米安装一榀，因为钢模板的长度是1米。拱部一般每次灌筑3～5米混凝土，也就是说需要安装4～6榀拱架。一榀拱架由两片组成，中间用夹板连结。拱架分为两片的目的，一是减轻重量，减小尺寸，便于安装就位；二是曲线隧道需要加宽，更换夹板和弧形木后，拱架可以直曲线通用。安装拱架和部分模板后，就可以由下向上对称灌筑混凝土。右图是拱部混凝土灌筑完毕时的情况。那时，混凝土的拌合就在开挖面与拱架之间的低矮狭小的空间，在开挖面铺薄钢板进行人工操作。水泥、砂、石、水等材料都要从隧道外经由下导坑，通过漏斗运到这里。人工拌合混凝土劳动强度大，而且质量难以保证。因为在设计要求的混凝土强度下，水泥、砂、石、水等材料之间的比例(配合比)是一定的，而在图中的操作空间内，进行材料的称重，其准确度可想而知，尤其是用水量难以控制，用水量恰恰对混凝土强度的影响又是相当大的。在灌筑拱部混凝土时，需要注意，两边应该对称进行。因为未凝固的混凝土呈半流态，有相当大的侧压力，假如没有对称灌筑，侧压力不均衡，会造成拱架移位，严重时导致拆除返工。边灌筑混凝土还要边捣固，以使混凝土密实，并使混凝土与模板密贴，拆模后不致存在"蜂窝麻面"。

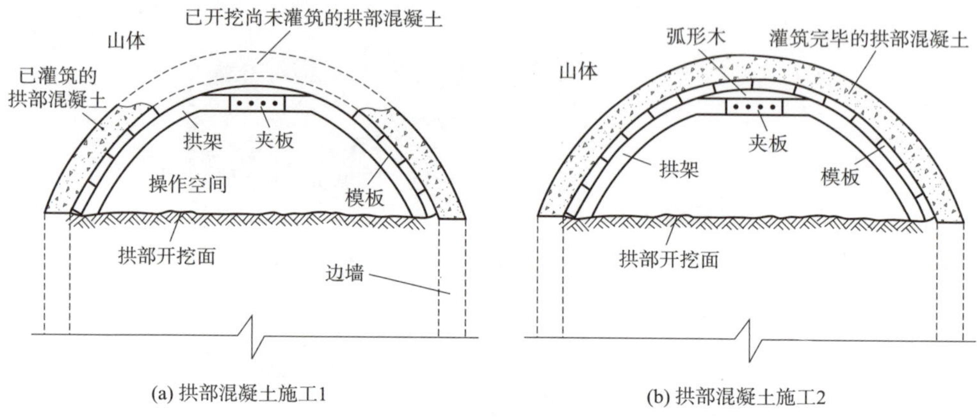

(a) 拱部混凝土施工1　(b) 拱部混凝土施工2

隧道拱部混凝土施工

钢拱架和钢模板

拱部混凝土灌筑完之后，现场的所有人都会松一口气，因为有了混凝土拱的保护，在下面施工，安全有了基本的保证。由于隧道里面潮湿闷热，虽然不利于人员的身体健康，可是却对混凝土的凝固与强度增长十分有利，混凝土灌注完大约两三

天就可以拆模。以下就可以进行下部扩大和边墙混凝土的施工了。在开挖边墙位置的山体（现场叫做挖马口）时要注意，一定不能对挖，两边要交错进行，这叫做“跳挖马口”。开挖一侧的混凝土拱也要保留部分山体作为支撑，比如，拱的长度是5米，那么就开挖中间的3米，两端的两个1米，留作支撑。边墙混凝土衬砌施工见示意图。右边是边墙混凝土的施工情况；左边是保留对侧山体以支撑拱部的情况。对上述的注意事项的忽视，往往导致严重后果。假如混凝土拱失去一侧支撑，会整个坠落，而且坠落过程中会断裂。试想，几吨重的混凝土块砸下来，造成的人员伤亡会多么惨烈，经济损失又会多么惨重！这类事故现场叫做“掉拱”，是非常严重的事故。

拱部混凝土人工灌注

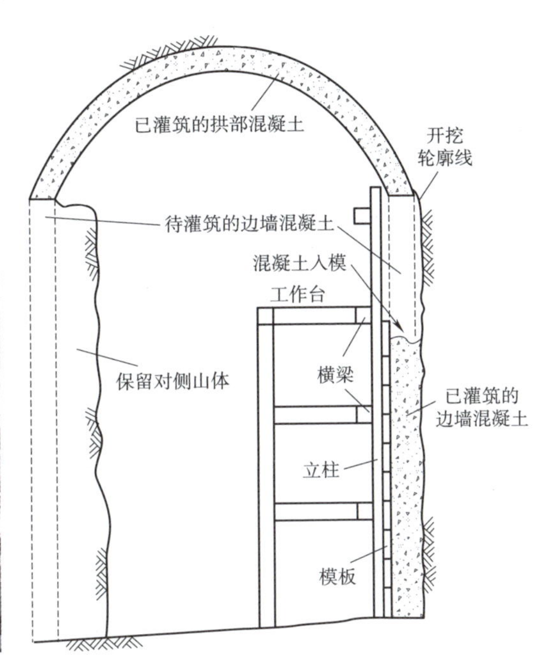

边墙混凝土施工示意图

边墙混凝土施工，模板和拱部施工一样，用的是钢模板，但固定模板的立柱和横梁那时还是使用方木，方木可以多次利用。水泥、砂、石、水等材料分别提升到工作台，然后按规定配合比拌合，入模。工作台随着边墙混凝土的灌筑而逐层升高，当然也要随时按规定捣固。

当边墙灌筑到距离拱圈下部（拱脚）30厘米左右时，便须停止混凝土施工。待混凝土凝固后，这一段边墙灌筑膨胀混凝土，或采取其他措施，使边墙与拱脚紧密接触。这里的原因是这样的，混凝土在凝固过程中会发生收缩，边墙有五六米高，凝固后的收缩量是相当大的，如果施工时边墙灌筑到拱脚处，拆模后拱脚下有空隙，造成拱圈悬空，过一段时间拱圈不均匀下沉，影响隧道净空不说，更严重的是拱圈开裂，甚至导致大修或事故。

边墙混凝土施工完毕，可以说隧道的主体工程基本完成，至于隧道的铺底、排水沟、电缆槽等附属设施可以在以后适当时机进行施工。

以上所说的是 20 世纪 60 年代前后隧道施工采用比较多的矿山法先拱后墙的施工方法的主要工序，其实还有不少细节没有涉及。比如，混凝土质量控制，每次灌筑混凝土都需要混凝土试验室的技术人员在场，给出配合比，监督质量，现场取试样，28 天后测定试样强度是否符合设计强度以检验衬砌的质量。再如，担负测量的技术人员需要随时指导上下导坑的掘进方向，给定拱脚和边墙的准确位置，以便架立模板。如此等等，不胜枚举。即便如此，给人的印象是工序繁多、琐碎，而且任何一点的疏忽，或者工序紊乱，都有可能导致严重后果。况且，作为这座隧道的施工管理者、组织者的技术人员自己知道，我们还是幸运的，因为在这座隧道整个施工过程中并没有遇到特别复杂的地质情况，例如涌水、断层、岩爆、瓦斯等等。如果遇到，安全隐患会显著增加，完成工程更为艰难。

如今隧道施工技术有飞跃发展

在参加贵昆、成昆、襄渝铁路的数座隧道的施工技术工作之后，从 20 世纪 70 年代前期笔者就转向桥梁施工的技术工作去了。但是，一直密切关注隧道施工技术的进展。在桥梁工地工作时，也要顺便观摩附近隧道的施工情况，工作之余也时常浏览有关的科学文献，故此对于那以后的隧道施工技术方面也小有心得。

管棚支护

自 20 世纪 60 年代至今，几十年过去了，随着科学的巨大进步，隧道工程技术与几十年前相比，已经不可同日而语。举例来说，在支护措施上，根据不同情况有多种选择。在软弱不良地层，像前述那样的木排架支护早已废弃不用，而可以采取“隧道围岩预加固(超前加固)方法”，就是对未开挖地层预先进行加固，使地层在开

挖后衬砌尚未施作时形成隧道轮廓并保持稳定。预加固有多种方法，管棚支护技术其中之一。管棚用成排的直径 70 毫米或更大的钢管沿隧道开挖轮廓线以很小的外插角打入地层，打入深度可达 10 米以上，开挖后形成棚架，承受地层压力，保证施工安全。管棚是 20 世纪 90 年代由意大利工程师提出，是比较新颖的方法。钢管打入前要用专门钻机钻孔和钢拱架等设备，钢管的材质和接长也有要求，所以成本较高。比管棚更早的方法有超前锚杆和超前小导管注浆。超前锚杆，是沿隧道轮廓线以很小的外插角钻孔并安装锚杆，形成对前方围岩的预支护。超前小导管注浆前面的工序与超前锚杆类似，只是钻孔后安装带孔的小导管，然后向小导管注浆，浆液具有胶结作用，待其硬化后，在拱部开挖线外形成类似拱的外壳，可以保证在下面安全开挖作业。

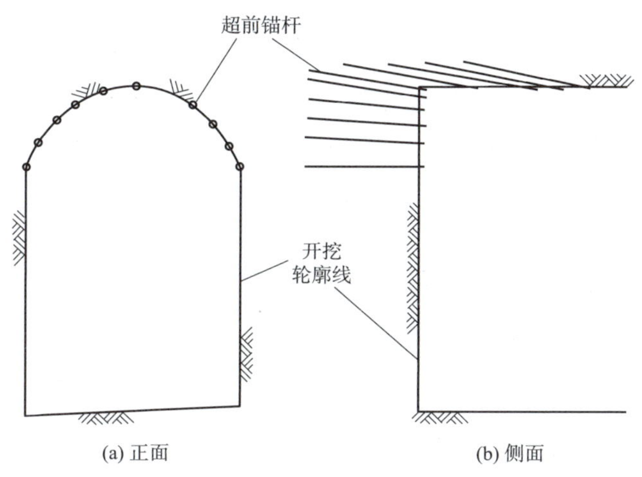

超前锚杆示意图

近年来，地层支护的新技术、新设备、新材料有了多方面的发展，给隧道的开挖提供多种途径，促进着隧道开挖技术、设备和材料的进步。隧道开挖矿山法不必像前述那样分成那么多部分施工，矿山法可以发展为全断面法和台阶法。

全断面法适用于质地较均匀的硬岩隧道。该法是按照隧道设计轮廓线一次爆破成型，立即进行锚杆喷混凝土支护，再施作衬砌混凝土。

与全断面法开挖相适应的基本设备有钻孔台车，混凝土运输车，混凝土湿喷机等等。钻孔台车操作见下页图。由图(a)可见，台车的几台风枪仅由两人操作，且人不和风枪直接接触，和以前相比，劳动强度的降低及工作效率的提高是不言而喻的。不仅如此，以前不论两人操一台还是一人操作一台风枪，人不但承受风枪的全部或一部分重量，而且还要承受风枪的强烈的振动，长此以往会对人员的身心造成不小的伤害。图(b)是三臂钻孔台车在工作。全断面法的支护除超前锚杆外，主要用喷锚支护。

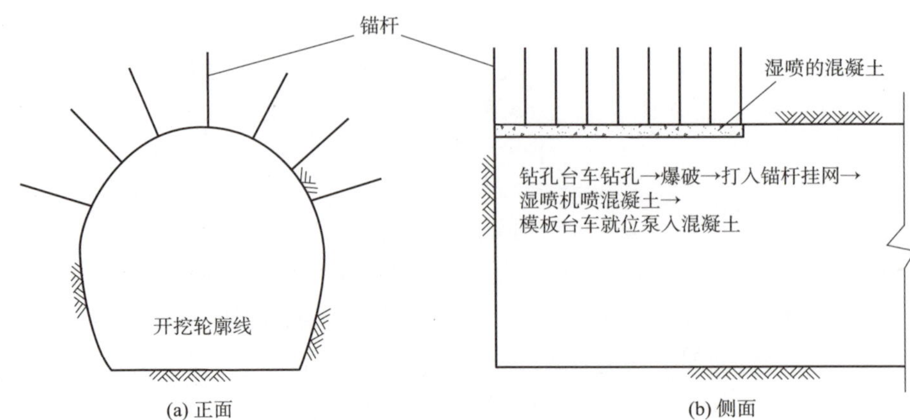

全断面开挖示意图

(a) 钻孔台车在工作

(b) 三臂钻孔台车在工作

钻孔台车

喷锚支护应该在开挖后立即施作，支护由锚杆、喷混凝土、钢筋网等组合而成，喷锚支护与围岩紧密结合，而且可以允许适度变形，从而利于发挥围岩的自承力。因而喷锚支护是一种科学实用的支护方法。

全断面法灌筑衬砌混凝土示意图

全断面法开挖后，混凝土衬砌可以一次成型。所需的主要设备有模板台车、混凝土运输车、混凝土输送泵等。在隧道外机械化生产的混凝土，通过混凝土运输车运至衬砌待灌筑地段，然后利用混凝土输送泵把混凝土泵送到模板台车内。台车在隧道内移动时，利用液压装置将模板缩回，行进至灌筑衬砌的位置即可按需要尺寸张开就可以进行灌筑混凝土作业，待混凝土凝固达到拆模强度，模板即可缩回，完成拆模作业。

模板台车（河南顶立桥隧机械有限公司生产）

这种施工方法，不仅安全快速，隧道衬砌的整体工程质量也是前面说的分部开挖方法无可比拟的。其一，混凝土在隧道外的拌合站机械化生产，其配合比按照实验室设计严格控制，完全避免了手工拌合的随意性，混凝土本身的质量有保证；其二，混凝土衬砌是整体灌筑，前面提到的拱部和边墙结合不紧密的弊病得以避免；

衬砌的拱部和边墙共同形成拱形，受力合理，衬砌的寿命得以延长，运营时的维修工作量明显减少；喷锚支护与混凝土等形成复合衬砌，密封性好，不易漏水。如此等等。

隧道施工还有一些好的方法

当前，根据具体情况可供选择的隧道施工方法，还有掘进机法、盾构法等等。

掘进机法（TBM 法）是用全断面掘进机的回转刀具切割岩层，掘进开挖的一种方法。该法一般用于均质、坚硬的岩层中。TBM 法的优点是，施工进度快，安全，作业人员少；由于没有爆破的冲击，对岩层损伤小，崩塌的危险也小；开挖表面光滑，超挖少，节省衬砌混凝土。我国首次用掘进机法施工的铁路隧道是西安至安康线的秦岭隧道。秦岭隧道长 18256 米，由两座平行的单线隧道（分别称Ⅰ线和Ⅱ线隧道）组成，两座隧道中心间距 30 米。Ⅰ线隧道采用外径 8.8 米的全断面掘进机施工，于 1998 年 1 月开工，2000 年 5 月竣工，按纯掘进天数计算，创造了单口平均月进度 323.8 米的好成绩。

隧道掘进机外形

秦岭隧道

盾构法不仅适合修建地下铁道隧道，同样也适用于修建铁路隧道。联络北京站和北京西站的直径线全长9.15公里，其中隧道长7.3公里。隧道除部分地段人工掘进外，大部分采用直径11.97米的盾构进行施工；京津城际铁路塘沽至于家堡段区间地下部分也采用盾构施工(泥水盾构)。

地铁隧道施工同样今非昔比

居住在北京的中老年朋友至今还记得北京修建第一条地下铁道的情景。当时，这条地铁由北京火车站通往苹果园(由现在1号线的复兴门至苹果园段和2号线的北京站至复兴门段组成)，全长23.6公里，1965年7月开工，几年后曾陆续试运营，直至1981年经国家验收，才正式运营，是我国第一条地下铁道。

北京地铁明挖施工
(摄于铁道兵纪念馆)

按1965年时的条件，地铁施工采用明挖法。地下工程采用明挖法施工时，为了确保施工安全防止塌方，通过将基坑的土壁挖成具有一定斜率的边坡，来保证地层边坡的稳定，这种方法被专家称为敞口放坡式明挖法。这种施工方法具有操作简单、速度快、噪声小、施工成本低而且混凝土质量易于保证的优点，可是却需要地面有足够空地能满足施工需要，特别是对周围环境、地面设施影响较大。因此，目前地铁施工只是在特定条件下在个别区段才采用这种方法。

由下页图(a)可见，地铁的埋置深度 H 越大，地层越松软，开挖地层的边坡放得越缓，也就是 n 值越大，则开挖宽度 D 就越大。

$$D=d+2H\times n+2e$$

式中，d 是隧道宽度；e 是施工作业需要的宽度。

而且，在开挖宽度 D 之外，还需要留出弃土堆积的位置，施工材料、设备、车辆放置的处所，故此，对周围环境、建筑物、地面交通等的影响之大可想而知。

到当前，即使个别区段还采用明挖法施工，也会采取一定的措施，减小开挖宽度 D。图(b)就是先在地铁隧道位置两侧下地下连续墙，然后再开挖地层的明挖法。明显可见，在同样埋置深度 H 下，开挖宽度 D 要比图(a)中的 D 要小很多，从

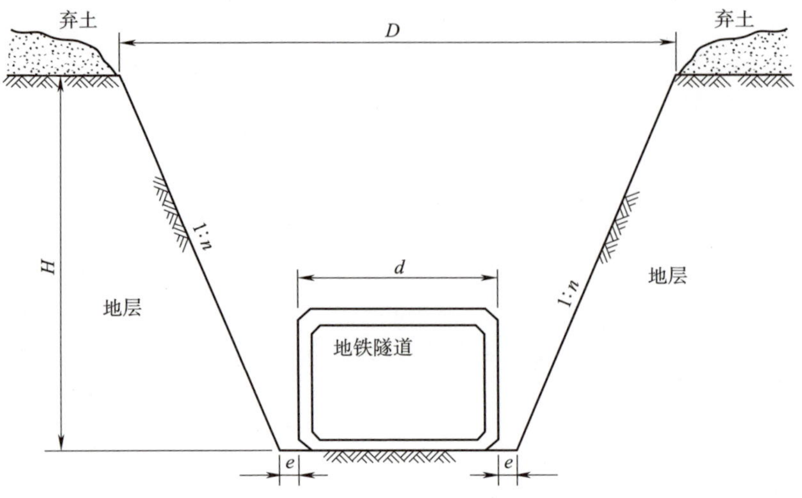

(a) 明挖法施工（敞口放坡式）

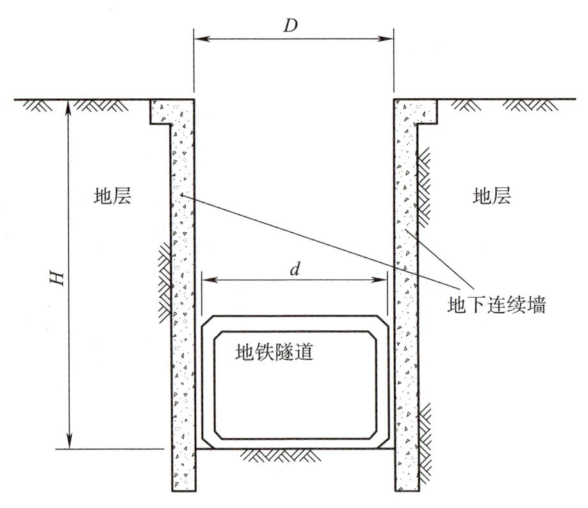

(b) 带地下连续墙的明挖法施工

地铁施工明挖法示意图

而减少许多开挖的土石方数量，可以明显减少对地面环境的干扰。在埋置深度很深的情况下，地下连续墙还可以打土钉加固。用打排桩来代替地下连续墙也是可供选择的施工措施之一。

当前，我国许多城市地铁建设方兴未艾，仅就北京来说，据报道，到 2017 年底地下铁道的总长度将超过 600 公里。城市建筑物密集，地面交通繁忙，对地下交通的需求强烈，如果没有安全快速的施工方法还大面积采用明挖法施工是不可想象

的。城市下面地层情况复杂，笔者20世纪90年代曾经观摩过上海地铁徐家汇和人民公园地铁盾构的施工情况，那里地层是含水率极高的松软蓝色黏土，采用盾构法施工，使得工程顺利进行。

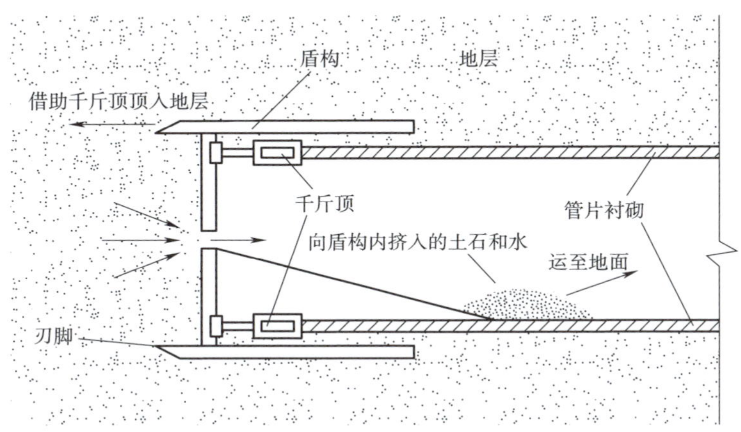

盾构法施工原理示意图

竖井上方提升土石的抓斗

现在，地下铁道可供选择的施工方法很多，但较多采用的是盾构法。盾构机由圆形外壳、切削机构、推进机构、管片组装机构等组成。盾构最前面的切削机构把土石切削研磨，由推进机构的千斤顶把盾构机整体向前方顶入，由于盾构外壳前面设置了刃脚，盾构能够顺利顶入地层，土石就会被挤进到盾构机中，然后将其集中至竖井下，地面的抓斗则会把土石竖直提升到地面，装入运土汽车运走，同时将水泵送到地面。随着盾构机的前进，后部的管片组装机构将衬砌管片拼装成环状衬砌。管片是在工厂制好的预制件，环状衬砌沿圆周分片，A是标准块；B是邻接块；K是封顶块。管片比较常用的材质为高性能钢筋混凝土。环状管片之间，以及相邻环之间，用高强度螺栓拧紧连接，中间还须加特制橡胶垫，用以防水渗漏，故在管片周围预留若干螺栓孔；管片预留的注浆孔则是用来在衬砌完成后压注防水浆液用的。

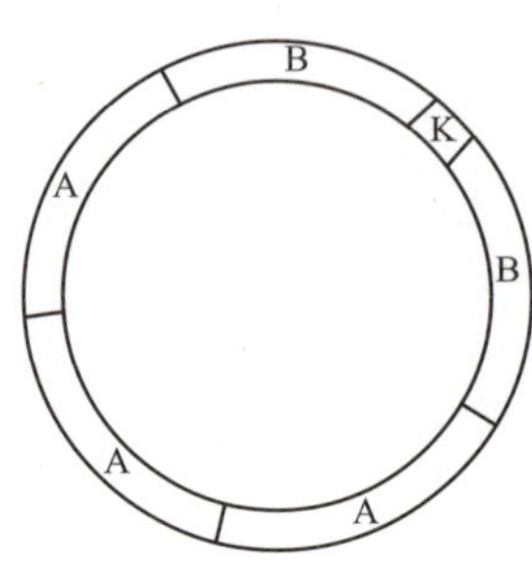

环状衬砌管片分块实例

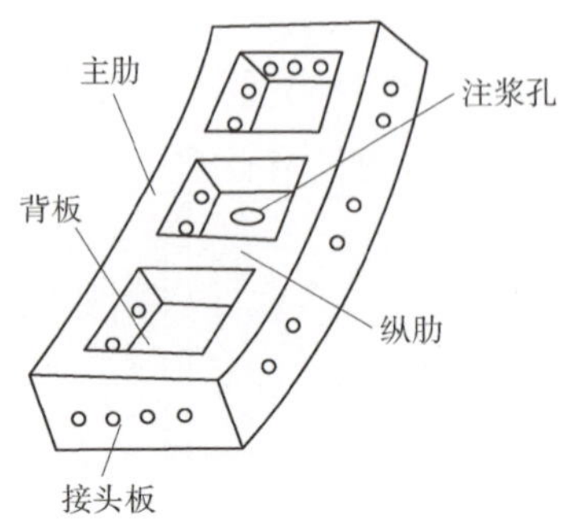

钢筋混凝土管片

可能有人会问，体积和重量那么大的盾构机是怎么样放置到地下就位的呢？常用方法之一就是采用盾构拼装井。盾构拼装井四壁和底部由钢筋混凝土构成，底部要低于隧道底设计高程 1 米以上，以便放置拼装台，井的四周尺寸除能放置盾构机外还须留有操作空间。井下放好拼装台后，将盾构机的各个部件按次序陆续运至井下组装。在盾构拼装井正对盾构前方处，井壁留一个略大于盾构外径的圆孔，盾构就由此顶入地层。有时拼装好的盾构并不在隧道中心线上，那么就在盾构拼装井侧面井壁上留一个矩形孔，由此把盾构推入至隧道中心线就位，即可进行顶进施工。修建盾构拼装井也并非易事，所以施工后可以不废弃，将其改造成地铁的运营通风井或地铁出入口都是不错的选择。

拼装好的管片衬砌

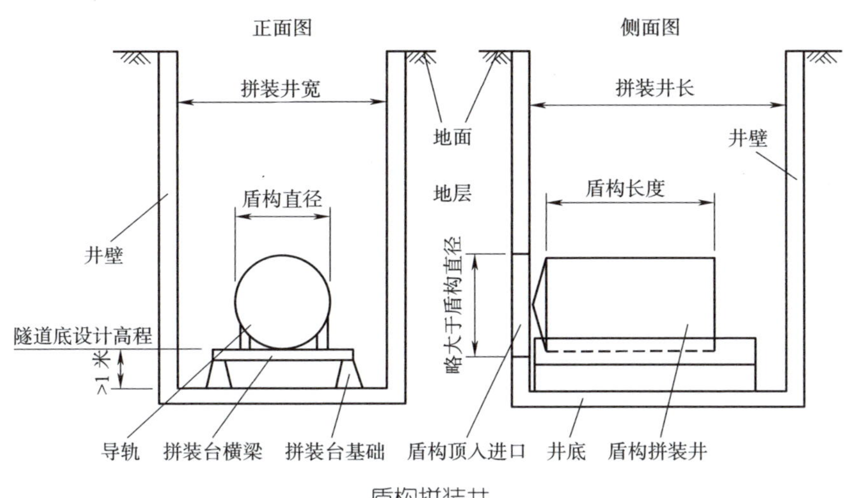

盾构拼装井

隧道工程的施工工作是一项庞大而复杂的系统工程，牵涉到土木工程、工程管理、建筑材料、电力工程、机械工程等多个专业。以上介绍的只是这个系统的一小部分，还有许多主要工序没有涉及，诸如地质监控量测、施工组织，爆破，土石、材料等的运输，风水电的供应等等，因此内容上未免挂一漏万。尽管是管中窥豹，从中也可体会隧道施工今昔的对比，了解铁道科学的快速发展。新技术、新设备、新材料、新工艺的层出不穷，使得隧道施工的今天是以往远远无法比拟的。我们相信，未来的隧道施工将更加安全、快速、优质，把我国铁路建设得更好。

（文/图　安鸿逵）

参考文献

[1] 北京铁路分局. 京张铁路[M]. 北京：中国铁道出版社，2001.

[2] 中国铁道百科全书总编辑委员会《工程与工务》编辑委员会. 中国铁道百科全书·工程与工务[M]. 北京：中国铁道出版社，2004.

[3]《中国铁路隧道史》编纂委员会. 中国铁道隧道史[M]. 北京：中国铁道出版社，2004.

第七部分　唐山铁路工厂建设生产话今昔

——从唐山说到唐山机车车辆厂

（路矿学堂—北方交通大学唐山学校—唐山铁道学院校门）

唐山，是驰名中外的一座名城，坐落于河北省东部，美丽的渤海之滨。这座城市不仅以发达的工业、秀美的风景，而且以坚毅勇敢、吃苦耐劳的人民塑造的英雄城市闻名于世。

众所周知，唐山有丰富的煤铁矿产资源，开滦煤矿已有百余年历史，钢铁冶炼业也历史悠久，近年还有新的发展；唐山还有丰富的石灰岩矿藏，水泥生产有多年的历史，开业于 1889 年的启新水泥厂是中国水泥行业的老字号；唐山的陶瓷在世间赫赫有名；石油天然气；制碱……

许多人不了解的是，唐山的旅游资源也不少。市区的南湖风景区景色优美，夏天站在凤凰山顶俯瞰，岸边绿树掩映，水中荷花婆娑，竟不知身在南湖还是西湖。曹妃甸湿地、清东陵、地震博物馆、迁安地质公园等等风景名胜不胜枚举。

唐山有许多全国第一大部分和铁路密切相关

中国自建的第一条标准轨距铁路——唐胥铁路在这里。这条铁路是唐山至胥各庄的运煤铁路，全长 9.2 公里，由开平煤矿公司投资修建，1880 年 10 月开工，1881 年 11 月通车。唐胥铁路，有“中国铁路源头”之称。今人勒石为记，其碑一面刻有“中国铁路起点”另一面为数字“0”(代表中国铁路 0 公里里程)，立于当年唐胥铁路起点，作为历史遗迹，供人观光。

中国铁路起点石碑(来自红尘一笑吧)

唐胥铁路建成后，清政府成立开平铁路公司，相继建成开平和津沽铁路。此后唐山的煤便源源不断地运到天津，再转运到其他地方。

除此而外，唐山还有许多全国第一，现按时间顺序罗列如下。

1877 年，唐山建成中国大陆第一座机械化采煤矿井。

1881 年，开平矿务局修车厂制造出中国第一台蒸汽机车。

1882 年，中国第一座铁路车站出现在唐山。

1889 年，唐山生产出中国第一桶水泥。

1894 年，在唐山附近建成中国第一座铁路大桥——滦河铁路大桥。

1896 年成立的路矿学堂，1906 年改名为交通大学唐山学校，是中国创建的第一所铁路高等学府。

1914 年，唐山生产出中国第一件卫生瓷，唐山陶瓷研究所在业内很有名气。

修建铁路需要大量水泥，从而刺激了水泥工业的发展；建成的铁路具有强大的运输能力，从而促进了煤炭、矿冶、陶瓷等的生产。所以说，唐山拥有的这些第一，无不和铁路行业密切相关。

以上介绍的唐胥铁路的长度 9.2 公里，（来自《中国铁路建设史》，中国铁道出版社，2003）。这个长度有几种不同的说法，目前尚未统一，只得留待专家继续考证。

唐山南站

老唐山站的天桥至今犹存

唐山火车站 1976 年毁于唐山大地震，复建后至今作为货运站使用，更名为唐山南站；早年修建的天桥经过大地震得以幸存，至今犹在。

如今的唐山高铁站夜景

滦河铁路大桥是中国铁路建设史上第一座在大河架设的大型桥梁，5 孔主跨为下承式钢桁梁。

滦河铁路大桥

滦河铁路大桥不但是中国第一座铁路大桥，也是中国第一次应用水下气压沉箱基础的桥梁。

小径深处是交通大学唐山学校的图书馆

交通大学唐山学校在1949年后的院系调整中更名为唐山铁道学院，1966年迁至四川峨嵋，后又搬到成都，是现在的西南交通大学。为了纪念路矿学堂，西南交通大学特把郫县校区的校门背面标出“唐山路矿学堂”字样。

西南交通大学郫县校区的校门

唐山还有一些第一由唐山铁路工厂所创造

不为大多数人所知的是，中国第一台(蒸汽)机车，中国第一辆铁路客车，中国第一批铁路货车，中国第一辆轨道检查车均在唐山制造；中国第一座机车车辆工厂诞生在唐山。始建于1881年的铁路唐山工厂被称为“中国铁路机车车辆工业的摇篮”。铁路唐山工厂后来叫做唐山机车车辆厂。

1881年，由英国工程师金达提供图纸，中国工人动手，用旧锅炉和煤矿旧机器零部件制造出一台蒸汽机车，命名为“中国火箭号”在唐胥铁路上用于拖运煤炭和其他材料。这台机车虽然简陋，但能拖运数辆煤车。因参与制造机车的中国工匠在车头两侧各镶嵌了一条金属刻制的龙，因此大家又把它称作“龙号”。龙号机车曾遭清朝廷封杀，最终几经周折还是风驰电掣地行驶在唐胥铁路线上，将煤铁源源不断运出。(按：还有一种说法，认为龙号机车并非中国制造，而是从英国进口。因年代久远，留待有关专家考证)

据说，龙号机车退役后曾存放在北京府右街的交通陈列馆，当时还可以生火行驶，以供观赏。1937年抗日战争爆发，日本侵占北京，该馆迁移到和平门内一条胡同里，之后这台中国制造的著名机车便离奇地失踪了。

金达(Kinder Claude William，1852～1936)，英国工程师，1878年开平矿务局设立时被聘为总工程师，1891年又任设于山海关的北洋铁路局的总工程师。他对

中国第一台蒸汽机车“中国火箭号”

唐胥铁路的修建，以及唐山铁路工厂的建设都起过重要作用。据资料说，爱国工程师詹天佑先生曾经就一些技术问题向金达求教。金达对中国的铁道建设是有贡献的。

1881年唐胥铁路修通后，就在胥各庄建立修车厂，即唐山机车车辆厂前身。建厂之初规模很小，厂房简陋，工人仅有数十名，车床以手摇为动力。建厂当年就制造出上述第一台蒸汽机车，并在3年内制造出货车和客车（1883年仿照欧洲车辆式样，为开平矿务局制造第一辆客车）。

唐山修车厂制造的货车

1884年工厂迁至唐山西马路唐山矿南隔壁，正式称唐山修车厂，占地40余亩、规模、人员、设备均有所扩大。1888年，唐山至天津铁路修通，工厂为李鸿章等权臣改制了第一辆公务车，1889年又为慈禧太后制造第一辆专用客车。那时，全国铁路线路不断扩展，所需铁路机车车辆的数量需求增大，工厂生产规模、生产能力都不能适应。1899 年工厂在铁路之南(1976 年唐山大地震前的南厂路)购地 34 万平方米另建新厂(简称南厂)，至 1903 年已建成客车迁车台(跑道长 249 米、宽 23 米)、锻工场、客车场、修配场、车架场、货车露天修车场、锅炉场及总办公楼等近 3 万平方米，工厂陆续由西马路向南厂路新厂搬迁。1910 年有职工 2407 人，其中技术人员、管理人员 157 人，当年新造客车 25 辆(包括特别包车、头等卧车、头等餐车等)、货车 218 辆，修理机车 67 台、客车 184 辆、货车和守车 2030 辆。

唐山修车厂制造的第一辆公务车

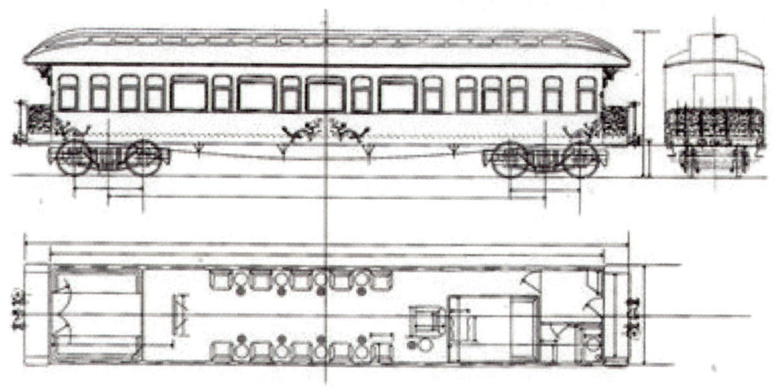

现保存的第一辆专用客车图纸

自 1899 年起，“南厂”这一厂名在民间沿用了 70 余年。笔者 1957 年至 1962 年在唐山求学时，学校大门与南厂南门隔唐山火车站相望，步行过一个道口片刻就到。记得那时机械系的同学经常到厂内实习，非常方便。

1911 年清政府被推翻，南京临时政府于 1912 年设立交通部，唐山铁路工厂隶属交通部，并发出指示：唐山工厂制造的客车，质量不低于从德国、比利时购买的同类车，而头等客车造价较外购低 13%，三等客车低 40%。为减少利益外流，主张扩大工厂生产能力，并于1914年～1915年对唐山工厂给予较多投资，建厂房4千多平方米，从英美日等国进口各种设备388台，显著提高了机车、客车与货车的生产能力和技术水平。当时的部分厂房和车间见下图。这些照片是黑白的且不够清晰，但历经劫难能够保存下来，弥足珍贵。

1920年前南厂客货车分厂部分厂房

1920年前南厂机车建立所(机车组装车间)

1920年前南厂客车生产车间

到1921年，工厂发展到职工3060人，其中员司（即技术人员、管理人员）296人。当年制造机车5台、客车19辆、货车75辆，修理机车104台、煤水车108辆、客车299辆、货车2652辆、守车98辆。1933年后，工厂为日本侵略者侵占。抗日战争胜利后，国民党政府交通部于1945年11月8日接管工厂。到1948年11月，工厂有职工4807人，建筑面积77086平方米，设备903台。

1948年12月12日唐山解放。1949年1月中国人民解放军派军代表任代厂长，工厂由铁道部直接领导，同年7月厂名改称“铁道部唐山铁路工厂”。解放以后，工厂的全体职工都以空前高涨的热情投入工作，生产发展，技术提高，各个方面均大为改观。

1952年，铁道部把研制轨道检查车的任务下达给唐山铁路工厂。

轨道检查车是用于检查轨道技术状态和质量的专用车辆。这种车辆用来检测轨道的几何状态和不平顺状况，是评价轨道几何状态的特种车辆，简称轨检车。轨检车是保障行车安全、平稳、舒适和指导轨道养护维修的重要设施。根据轨检车记录的资料，可以发现轨道平顺状态不良的具体地点，以便采取紧急补修或限速措施，并确定应进行计划维修的里程段落，编制维修作业计划。此外，根据轨检车的记录也可评定轨道的养护水平和整修作业质量。

唐山铁路工厂的研制人员在无资料的情况下，于1952年底完成设计并投入试制，1953年5月试制成功。

1954年研制成功的中国第一辆轨道检查车

中国第一辆轨道检查车轴重14～15吨，构造速度120～140公里/小时，车体长25.5米。车内设有工作室、10～16人休息室、仪表室、发电和配电室，以及厨房、厕所等；配置有给水、通风、采暖和空调机组。

经线路试验，该轨检车能准确测定工务部门所需线路主要参数，确定线路病害位置和损坏程度，减轻工人沿线步行检测的繁重体力劳动，显著提高检测效率，填补了机械检测铁路线路的空白。主设计者荣获全国发明创造奖。

1953～1957 年的“一五”期间，工厂的管理水平提高，生产发展。1958 年，按照年制造机车 200 台、客车 450 辆、货车 3000 辆、修理机车 50 台、客车 60 辆、货车 500 辆编制生产规划，分步组织实施，年末职工达 11030 人。1960 年，根据上级指示，停止货车制造、修理，主要转为机车、客车修理和制造。1963～1965 年曾为越南民主共和国研制生产一批 1 米轨距的蒸汽机车。

越南制造的蒸汽机车

1975 年 2 月，唐山铁路工厂改称“铁道部唐山机车车辆厂。

即便在十年浩劫期间，唐山机车车辆厂仍然有不小的发展，如研制成功押运车、产品运输车、保温车、超限运输车等十余种专用车，以及 CA_{23} 型餐车、CA_{18} 型国际联运餐车和全长 25.5 米、自重 30 吨、速度 160 公里/小时的 CA_{25} 型轻、快、稳餐车、EX_2 型电气轨道检查车等等。1976 年 1 月试制成功第一台东风 $_5$ 型电传动调车内燃机车。

东风 $_5$ 型内燃机车

截止 1976 年，工厂建筑总面积达到 318975 平方米(其中厂区 171269 平方米、生活区 147706 平方米)，各种设备 2159 台。下图为 1972 年客车系统部分厂房，图的下部就是当时唐山火车站的一角。

1972 年客车系统部分厂房

下图是现在唐山火车站(即唐山北站，当地现称老火车站)的一角，图右边围墙就是上图的围墙，当然，位置相同，前者是后来修的。上图中所有建筑物都于 1976 年的那场大地震中毁坏殆尽。2012 年 4 月，笔者在这里徘徊着，瞭望着，拍了下图这张照片。墙里如今是中国中车唐山轨道交通设备有限责任公司客车厂。

现在的唐山老火车站和客车厂的围墙

那么，如今的唐山机车车辆厂在哪儿呢?

大地震后，唐山铁路工厂浴火重生

天行有舛，1976 年 7 月 28 日凌晨 3 时 42 分，唐山、丰南一带发生 7.8 级强烈地震，震中烈度高达 11 度。工厂厂区和大部分生活区地处震中，这场大地震使这座百年老厂毁于一旦。地震全部摧毁的铸钢车间建于 1959 年，建筑面积 9072 平方米，其余车间与设备也全部被毁，震后现场异常惨烈。

1976 年 7 月 28 日地震破坏的铸钢车间厂房

(a) 被毁的车间

(b) 被毁的设备

被地震摧毁的部分车间和设备

铁路在唐山大地震中同样遭受极其惨重的损失。前述的滦河铁路大桥，位于唐山郊区滦县以东的京山铁路上，距震中近 50 公里，轨道竟然会压挤成希腊字母 Ω 的形状。交通大学唐山学校(20 世纪 50 年代全国高等学校院系调整后改为唐山铁道学院，60 年代中叶迁往峨眉，后迁成都，为现今西南交通大学)位于震中区，瞬时夷为墟土。灾害当时之惨烈，可见一斑。

(a) 震前的桁梁与轨道

(b) 震后桥上的轨道

地震前后的滦河大桥

在这场灾难之中唐山工厂职工遇难 1768 人，占总职工数的 22.2%；建筑物倒塌 315687 平方米，毁坏殆尽；各种设备也遭到极大的损失。

被地震摧毁的铸钢厂废墟，经清理周边后，辟为“地震遗址”，成为唐山地震博物馆的重要组成部分供人们瞻仰。

地震之后，余震频仍。在此状况下，工厂领导立即组织职工抗灾自救并作复产准备。与此同时，中央政府派来的部队，以及铁路局、铁路工程局、兄弟铁路工厂等救援人员陆续到达。接着，工厂职工会同各路救灾人员救人，清除废墟；之后，陆续兴建简易住宅和半永久性房屋。

工厂组织部分职工在厂内清扒设备、材料，清除废墟，建简易厂房，恢复电力供应，准备复产。经过多方努力，在震后的 14 天就出厂一台内燃机车，这是唐山机车车辆厂震后出厂的第一台机车。当年 10 月，又交出 3 辆检修客车。

到 1976 年末，清理并修建简易厂房 2.8 万平方米，修复关键设备(包括 8 个兄弟工厂协助修复返厂的 200 多台)合计 300 多台，年末各系统恢复生产。

唐山地震博物馆的“地震遗址”

根据重建唐山市的统一规划，工厂列为易地重建单位，工厂新址定在唐山市郊丰润。1976 年 9 月工厂成立新厂筹建办公室，筹划新厂建设。1977 年铁道部有关司局、建厂局设计院和工厂联合调研，铁道部向国家计委报送《唐山工厂重建设计任务书》，1977 年 5 月，国家计委很快便下达文件批复。自此，唐山机车车辆厂新厂建设启动。

唐山机车车辆厂震后 14 天出厂的东风$_5$型内燃机车

工厂领导指派笔者参与新厂筹建办公室的工作，同时还要进行原厂复建的土建工程。比如，原厂为了扩能需要修建一座锅炉房，笔者夜以继日地工

作，很快便绘制出建筑结构设计图并交付施工，赶在 1976 年冬期前建成，投入使用。

为了适应铁路运输对车辆的需求，在新厂建成投产前，原厂继续翻建有关厂房、修复设备，继续进行机车和客车生产。下图是那时生产的上游型蒸汽机车，该型机车曾获河北省优质产品称号。

1977 年秋，唐山工厂的首批建设者（笔者亦荣幸地名列其中）与唐山市的规划工作者一起引入国家坐标网点，勘测人员亦投入到紧张的测量工作中。

20 世纪 70 年代后期生产的上游型蒸汽机车

通过建设、设计、施工等各个单位的通力合作，新厂的一期工程于 1985 年基本建成，1986 年投产。一期工程以客车生产及其配套系统为主体，同时包括职工住宅及其配套设施等。二期工程于 1990 年初步建成，1991 年正式投产。二期工程是机车生产、热工系统、仓库等。到 1993 年，已经全面完成国家和铁道部批准的全部项目。1994 年通过国家级验收，同时，许多项目获得不同等级的奖项。例如，新厂建设一期工程及住宅设计获全国优秀设计银奖、铁道部优秀工程设计一等奖；第三住宅小区设计、施工、建设荣获国家质量银质奖；二期工程机车大联合厂房设计、施工、建设获铁道部优质一等奖；机车机械联合厂房获省级优质工程奖；二期工程经国家计委、国家审计署审计，建设单位荣获 A 级信誉。

至此，一座崭新的，初步具有现代化规模的大型铁路工厂重新屹立在冀东大地上。她如同凤凰涅槃，在唐山大地震的洗礼中经受了巨大的痛苦和轮回后，以更美好的躯体得以重生；她如同浴火重生的凤凰，以生命的短暂终结换取一个全新的、美丽的面貌重新回到世间，并且带来祥和和幸福。

新厂厂区全景

机车生产部分厂房

内燃机车总装厂内景

客车总装厂内景

今天，唐山铁路工厂继续谱写新篇

唐山铁路工厂现在的名称是“中国中车唐山轨道客车有限责任公司”。

自新厂建成至今，铁道科学技术得到长足的发展。铁路的六次大提速，高速铁路、客运专线、地下铁道的大量修建，极大地促进了机车车辆的生产，同时提出了更高的要求。为了应对这种局面，唐山铁路工厂这些年进行了大规模的扩建和改造。

如今，中国中车唐山轨道客车有限责任公司生产厂区总面积达 1.23 万平方公里，是一家大型、拥有多个厂区的现代化的国有企业。各个厂区具有先进的生产设备和科学合理的工艺布局；有着完备齐全的检测调试手段；云集着掌握现代科学技术和加工工艺的专业技术人员和技工。2008 年，名为“以高速动车组制造为契机的企业管理平台建设”的项目，被全国企业管理现代化建设成果审定委员会评为“国家级企业管理现代化创新成果”。

2007 年研制完成时速 350 公里的高速动车组，该动车组在 2008 年北京奥运会召开前在京津城际铁路成功投入运营。

中车唐山轨道客车有限责任公司研发制造的地铁车辆，采用先进技术和新材料、新工艺，具有安全舒适、美观耐用的特点；作为特种车辆和各种检测车的专业定点生产厂家，先后成功研制出首辆 EX 型轨道检查车，以及接触网试验车、红外线检测车等 20 多种特种车辆；并且拥有中低速磁悬浮列车的知识产权。

新型高速动车组(速度 350 公里/小时)

地铁车辆

EX 型轨道检查车

中低速磁悬浮列车

近年来，中车唐山轨道客车有限责任公司生产的新型列车在全国多条铁路干线和高速铁路上运行着。

(a)

(b)

(c)

唐山工厂生产的列车奔驰在铁路干线上

唐山工厂在大规模的扩建和改造之后，在各个方面都有巨大变化。笔者 20 世纪 50 年代在唐山求学时，经常去厂区转转。给人的印象是，工厂院内到处堆放材料、废旧机具、煤渣钢渣，勉强留出车辆来往和行人走动的道路；各个车间里气温高、噪声大，地面到处是油泥、擦机器的棉纱，工人们工作服上、手上，甚至脸上也都是油泥；厂区的铁路专用线，年久失修，列车动辄脱轨。笔者在 20 世纪 70 年代初曾组织人员按正线标准加以整修，消除了脱轨现象和线路病害等问题，可是未能使厂区整体面貌得到改观。

现在，各个车间（车间是以前的称呼，目前都称为“厂”或“分厂”，为方便起见本文还沿用以前的名称）内部有了翻天覆地的变化。恒温恒湿，没有噪声，劳动条件得到极大改善；工人穿着干净整齐有如白领。车间内窗明几净，一尘不染。地面光洁得如同镜面，一是卫生，利于人员健康和动车总装的洁净；二是便于用“气垫车”运送部件和车辆，这是由于气垫车对于地面的平整光洁有相当高的要求。因为气垫车不受轨道的限制，可以在车间里自如地搬运工件和车体，车间里无需铺设轨道。只是在车间的一个角落铺设一段轨道，由气垫车把总装完成的整节车体运至这段轨道上，再用机车拖运到车间外的库房。

(a) 动车总装车间的一角

(b) 正在总装的动车

(c) 动车内部正在布线

(d) 车间内的会议角

动车总装车间部分场景

总装车间的一段轨道

运送车辆的气垫车

全部总装车间的大联合厂房的建筑面积就达 10 万平方米，如此大的、现代化的厂房，把它叫做“车间”，岂不是委屈了它。

唐山工厂是国内唯一一家生产全铝合金动车车体的厂家，铝合金厂建筑面积约 7 万平方米。铝合金车体工艺复杂，对焊接要求非常高，车体的大部分焊接是在封闭环境下由机械手完成，对于焊缝的检验也是极其严格的。唯独动车组最前端，司机室下方的底架部分，部件体积不大然而结构复杂，无法使用机械手进行焊接，需要人工操作。这个铝合金部件最厚处 35 毫米，最薄仅 3 毫米；水平焊缝、竖直焊缝、斜焊缝、弧形焊缝相互交错，手工焊接难度可想而知。唐山工厂的焊接技工已经掌握该部件的手工焊接技术，部分技工达到“全能”的水平，彰显出大国工匠的风范。

今天，厂区院内整齐干爽；车间、管理部门办公楼鳞次栉比，布局科学；院内道路宽敞平坦，四通八达。

(a) 院内道路

(b) 总装车间外部一角

厂区院内一瞥

以上关于中国中车唐山轨道客车有限责任公司的点滴介绍只不过是“管中窥豹，可见一斑”，希望本文能够使这一现代化的大型企业能够跃然纸上。

在厂区大门内的宣传画上有这样的一句话：“我们是光荣的中国第一代高铁工人！”今后，我们相信，这家企业将会继续为铁路建设事业添砖加瓦，做出更大的贡献，无愧于“中国第一代高铁工人”的称号。

（文/图　金涵淼　安鸿逵）

作者简介：金涵淼，高级工程师，享受国务院颁发的政府特殊津贴。1962年毕业于唐山铁道学院，曾任唐山机车车辆厂副总工程师，早年曾在哈尔滨铁路局等单位从事工程技术工作。

参考文献

[1]《中国铁路建设史》编委会. 中国铁路建设史[M]. 北京：中国铁道出版社，2003.

[2] 纪丽君，亢宾. 图说晚清铁路[M]. 北京：中国铁道出版社，2011.

第八部分　工程专业术语应用话今昔

（野渡无人舟自横——幽静的杭州西溪湿地）

孔子曰:“三人行,则必有我师。”是故弟子不必不如师,师不必贤于弟子。闻道有先后,术业有专攻,如是而已。

——韩愈《师说》

因为工作性质的关系,笔者经常阅读工程专业的各类著作,以及其他类著作、报刊等,受益良多。在此过程中也会发现一些问题,其中包括专业术语的应用和与此相关的问题。随着科学技术的发展,一些术语在有关规范和权威工具书里已经有所变化,但有些写作者出自习惯或由于尚未察觉这些变化,有时还在著作中使用过时的,或是不提倡使用的词汇、术语。本部分就此举一些实例说明这方面的体会,供同行参考,并就教于方家。

进行有可能坠落的作业不再叫“高空作业”

人们在较高的处所工作,以往确实称为“高空作业”,但近二三十年来已经改称为“高处作业”。

早在国家标准局 1983 年 4 月 15 日发布的国家标准《高处作业分级》(GB 3608—83)中,就明确指出:“凡在坠落高度基准面 2 米以上(含 2 米)有可能坠落的高处进行的作业,均称为高处作业”。言外之意,“高空作业”的提法即行废止。

技术工人在接触网上进行高处作业

笔者分析,国家标准如此规定,是有充足理由的。在《现代汉语词典》(商务印书馆,2012)的“高空”条目的定义叙述是“距地面较高的空间”。这用在科学技术中是不够严谨的,一是没有量化,多高才叫“较高”?二是《现代汉语词典》所说是相对于“地面”,而《高处作业分级》所说是相对于“基准面”。“基准面”的定义是“通过最低坠落着落点的水平面,称为坠落高度基准面”,就是说,如果操作者如果站在地面上工作,旁边有一个深度超过 2 米的坑,那他也是进行高处作业。

《高处作业分级》把操作者和基准面的高低差距标准定为 2 米,是因为一般情况下,当人在 2 米以上的高度坠

落时，就很可能会造成重伤、残废或甚至死亡。可是，要是把 2 米叫“高空”似乎也不太合适，所以规范制定者将这种作业的名称定为“高处作业”是非常有道理的。

在《高空作业分级》中，高低差距标准的下限是 2 米，可是没有设上限，只是规定高处作业高度在 30 米以上时，称为特级高处作业。

既然国家标准这样规定，因此行业规范也理所当然地都随之将其称为“高处作业”了。自 1983 年开始，各类规范（包括铁道行业的规范）就不再出现“高空作业”的字样了。

综上所述，我们今后撰写专著、论文等正式出版物时也应当遵循上述原则，不再称“高空作业”，而称“高处作业”。与此相关的一些词语，如“高处安装”、“在高处浇筑混凝土”、“高处坠落”等等，其中的“高处”也不得称为“高空”。

区分使用“粘”和“黏”这两个字

早年，“粘”和“黏”根本是不同的两个字，但在 1955 年文化部和中国文字改革委员会联合发布《第一批异体字整理表》，该表把“黏”并入“粘”字，自那时起，“黏”字便暂时退出语言文字的历史舞台。

国家语言文字工作委员会和中华人民共和国新闻出版署 1988 年联合发布《现代汉语通用字表》，表中确认“黏”为规范字，恢复其原来义项，“粘”不再表示“黏”的意义。也就是说，从 1988 年起，“粘”和“黏”就应该各司其职了。

可是，许多人并未及时按照上述规定执行，所以时至今日“粘”、“黏”二字仍然混淆不清。如 1991 年出版的《软粘(黏)土工程学》(笔者本人任责任编辑)中，全书把“黏”误作“粘”。

译　者　的　话

软粘土一般是指含水量高、孔隙比大、抗剪强度低、压缩性高、渗透性低、灵敏度高的粘性土的泛称。这些土广泛分布在我国东南沿海及某些内陆地区，如上海、天津、连云港、宁波、温州、福州和广州等沿海城市，及昆明和武汉等内陆地区。这些地方的许多工业及民用建筑、公路、铁路、港口码头和水利等工程常常兴建在软粘土地基上。鉴于我国当前大力开发沿海城市，对软粘土工程的深入研究尤其是一项迫在眉睫的课题。

翻译的科技图书《软粘(黏)土工程学》中扫描的一段文字，
其中“软粘土”应为“软黏土”；“含水量”应为“含水率”

由于许多年“黏”字不在大家视野中出现，这个字对很多人，特别是中青年人显得十分生疏。那么，在使用时怎样区分这两个字呢？

首先，从词性分。“黏”是形容词，表示能把一种东西贴在另一种东西上的性质，可以组成“黏稠”、“黏性”等词；“粘”是动词，表示黏性物附着在别的物体上或者物体互相附着在一起，可以组成“粘贴”、“粘连”等词。

其次，从读音分。“黏”发音为 nián（普通话），凡是发这个音时就用“黏”；“粘”发音为 zhān，一般词汇发这个音时就用“粘”。但有一点，“粘”作为姓氏时发音为 nián，这是需要注意的。

需要防止一种现象，“黏”字是恢复原有的义项，不是用“黏”来代替“粘”，不是凡原来用“粘”的场合不分青红皂白地全部改为“黏”。

无论在日常生活还是在工程中，“粘”和“黏”都用得很多，以下分别罗列用这两个字组成的常用词汇，供读者参考。

“黏”的正确组词：黏性、黏性土、黏土、亚黏土、黏砂土、砂黏土；黏稠、黏液、黏膜；黏度、动力黏度、运动黏度；黏滞、黏滞系数；黏聚力、黏着力、黏着系数、黏弹性；发黏、黏糊糊……

“粘”的正确组词：粘连、粘贴、粘结、粘结强度、粘合、粘在一起；不粘锅、胶粘剂……

“因瓦”不是“铟瓦”

在铁道工程控制测量中，常用“因瓦基线尺”来丈量基线的长度。但是，在一些出版物中常常把“因瓦基线尺”作“铟瓦基线尺”，其实是不对的。

“因瓦”译自英文（或法文）invar，是一种铁镍合金，其成分为铁 63.8%，镍 34%，碳 0.2%。这种合金热膨胀系数极低，能在很宽的温度范围内保持固定的长度，所以用其测量距离精度高且温度改正简单，或者无需进行温度改正。

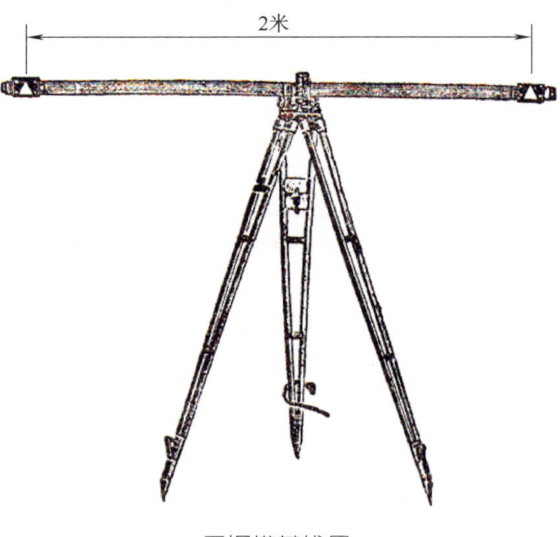

因钢横基线尺

常用因瓦基线尺有 24 米和 48 米两种长度。测距时要使用稳定精确的张拉设备，以便尽量精确并保护基线尺。这是由于因瓦合金虽然对于温度变化不敏感，但其因含碳量低故此强度和硬度都不够高的缘故。

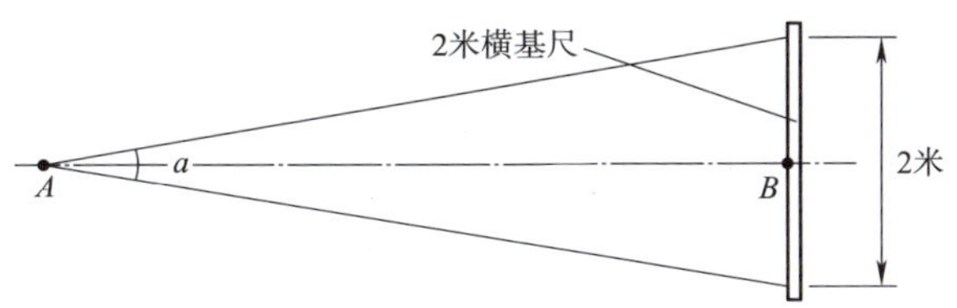

2 米横基尺测距原理示意图

在 20 世纪 60 年代前后，现场曾使用一种叫做“2 米横基尺”的测量设备用以精确测距，这种尺的材料也是因瓦合金，称为“2 米因钢横基线尺”，简称“2 米横基尺”。2 米横基尺与精密经纬仪配合，丈量距离可以达到很高的精度。其测量原理是，假设 AB 是准备丈量的距离，A 点安放经纬仪，B 点放置 2 米横基尺。横基尺放置在三角架上，利用对中定平装置切实与 B 点对中，同时将尺调成水平状态。尺中央的望远镜对准经纬仪中心，说明尺与 AB 呈垂直状态，这时用经纬仪量测角度 α，则可用以下公式计算 AB 的长度(单位：米)

$$AB=2\div2\times\cot(\alpha/2)=\cot(\alpha/2)$$

由于 2 米横基尺体积、质量较大，又是精密设备，现场携带、保护不方便，现在已经不太使用。

由于 OM 与 AB 之比終是很大的，所以 AB 的長度应該非常精确。
以錮鋼制成，圖 17—24 是这种横基綫尺的外形；尺是由鋼管制成，内部

多年前的《测量学》教科书把“因钢”误作“铟钢”

现在再说说“铟”字，“铟”是一种金属元素，其符号是 In(indium)，是熔点低质地很软的一种金属，用来制作低熔合金，轴承，电子、光学元件等。

总而言之，无论从外文原文，还是从用途来看，“因瓦”中的“因”和“铟”都是不能混淆的，“因瓦基线尺”不是“铟瓦基线尺”。

“潟湖”非“泻湖”及其他

“潟湖”是地质学、地理学等学科的专业术语。“潟湖”的含义由于泥沙沉积或珊瑚礁将海湾与海洋分割而成的湖泊。

“潟湖”分布很广，风光旖旎、碧波万顷被唐朝诗人比作“西子”的杭州西湖就是潟湖。西湖形成后由于与海水隔断，经过较长岁月的雨水和地表水注入而淡化，逐渐变为淡水湖，成为今天的西湖。还有一种潟湖在海水高潮时可与海水相通，故还保持着咸水，如河北昌黎的七里海。

在一些过去的有关专业教科书和其他出版物中有时会出现“泻湖”一词，这乃是“潟湖”之误。在《现代汉语词典》1996 年版中有“潟湖”条目，也有“泻湖”条目，“泻湖”的释文云“潟湖的旧称”，而在 2005 年版中则删除了“泻湖”条目，只有“潟湖”条目，说明“泻湖”乃是误称。

波光粼粼的西湖原来是潟湖

风景优美的昌黎七里海也是潟湖

《中国大百科全书》(第 2 版，中国大百科全书出版社，2009)和《不列颠百科全书》(中国大百科全书出版社，1999)里面，都是只有“潟湖”条目，没有“泻湖”条目。可见，“泻湖”确系“潟湖”之误。《现代汉语词典》从第 5 版之后便已经删除“泻湖”条目。

在地质学里还有一个专业术语“潟湖相”。在不靠海的某些内陆湖泊，由于气候干燥炎热，产生石膏、岩盐或白云岩沉积，形成类似咸水湖的湖，称为“潟湖相”，这也不作“泻湖相”。

日本是最早建设高速铁路的国家之一，高速铁路在日本称为“新干线”。上越新干线(1971 年开工建设，1982 年开始运营)是东京至新潟的高速铁路。“新潟”这一城市位于本州西北部，濒临日本海，是日本著名的“稻米之乡”，其海产品和酒类也驰名于日本。“新潟”亦常被一些出版物误译作“新泻”，而且日本带“潟”字的地名不止这一处，如新潟北边海滨还有一座城市，叫做“象潟”。

“潟”字发音为 xì(音同细)，“泻”字发音为 xìe(音同谢)，这两个字的字形、字

日本上越新干线和新潟、象潟位置示意图

音、字义都是完全不同的。

那么，出现把“潟”误作“泻”的原因何在呢？

据分析，“潟”字与“泻”字的繁体“瀉”字形相近，把“潟”误读、误写作“瀉”，也是有可能的，后来随着汉字的简化，“瀉”简化为“泻”，是顺理成章的。但是，有不少人却把“潟”作“泻”，却是一种误解。

低温下的混凝土作业不再叫做“冬季施工”

众所周知，混凝土（包括水泥砂浆）在凝固期间不怕湿热却怕干冷。因此，在低温下进行混凝土作业必须采取相应措施。这种措施下的作业以往叫做“冬季施工”，但是起码从20世纪80年代开始在有关规范里已经改称为“冬期施工”。

“冬季施工”改称为“冬期施工”，是十分有道理的。

“冬季”一词是日常用语，表示的是季节的概念，习惯上是指立冬到立春的三个月时间。我国幅员辽阔，南北纵跨60个纬度，气候差异很大。比如在海南省，“冬季”可以达到 30 摄氏度或更高，混凝土施工可以不采取任何防冻措施，而在西北、东北的某些地方，秋天就可能降至 0 摄氏度以下，进行混凝土作业必须采取相应措施（冬期施工措施），以免混凝土被冻导致达不到要求的质量。

“冬期”是工程专业术语，有关规范中对于“冬期”有严格的规定。例如，在国家标准《混凝土结构工程施工规范》（GB 50666—2011）的“10 冬期、高温与雨期施工”一章中规定：“根据当地多年气象资料统计，当室外日平均气温连续 5 日稳定低于 5℃时，应采取冬期施工措施。”又如，铁道行业标准《铁路混凝土与砌体工程施工规范》（TB 10210—2001，J118—2001）的“8 冬期施工”一章中规定：“当工地昼夜平均气温连续 3 天低于 5℃或最低气温低于－3℃时”应采取冬期施工措施。

在现行各类有关规范当中，都有类似规定，但是无一例外地找不到“冬季施工”的字样。

在《实用科技术语手册》（中国标准出版社，2011，375 页）里，“冬期施工”条目下注：“曾用冬季施工”。

由此观之，在低温下混凝土（包括水泥砂浆）作业，气温降至上述规定时，应是“冬期施工”，而非“冬季施工”。

“冬期”和“冬季”是不同的概念，“冬期”不一定在冬季，而在冬季进行施工，如气温不处于“冬期”，也不用采取相应措施。

“道碴”已经改作“道砟”

“道碴”一词在铁道行业已经沿用好多年了，铁路工作人员，包括不少路外的人，一提“道碴”都知道是什么物品。可是，在 2007 年，铁道部有关部门通知，“道碴”改作“道砟”。无论报刊、书籍，还是公文，都不得使用“道碴”，而一律代之以“道砟”。

我们先看看什么是“道砟”。

铁路轨道的道床是在轨枕之下，路基面之上的由碎石或粗砂构成的一种铁道线路设施。道床的作用是，将钢轨承受的列车重量通过轨枕的初步扩散，再扩散，均匀传递到路基，并且由于道床的弹性，将列车的振动大部分加以吸收，余下的传递至路基，起到相当大的缓冲作用。

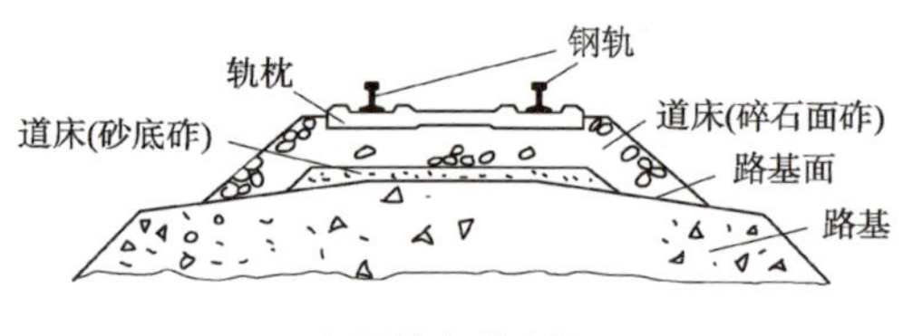

碎石道床横断面

构成道床的材料就是“道砟”。由于道床的重要作用，因此对于道砟的材质、颗粒的级配、清洁程度等都有严格的要求，这在有关的规范当中有明确规定。不仅如此，日常维修线路时，对于道床的观察、清筛、更换，也是一项重要内容。

“道碴”的称呼在铁道行业使用了多少年，笔者难以考证，只记得，20 世纪 50

年代在校学《铁道概论》和《铁路线路》课程的时候，教科书上用得就是“道碴”。那么，为什么把沿用许多年的“道碴”改成“道砟”呢？根据个人的体会，认为此举是十分正确的。

查《现代汉语词典》，“碴”字的义项，一是用于“胡子拉碴”，发音为 chā（音同插）；二是用于“碴口”、“碴儿”等，发音为 chá（音同茶），没有 zhǎ 的音。该词典的“砟”字条目下，“砟”音 zhǎ，组成“道砟”、“焦砟”等词。在《现代汉语规范词典》（语文出版社，1998）中则更为明确，在“砟”字条目下，不仅组成“道砟”、“焦砟”等词，而且说明“道砟”是“铁路路基上铺的石子”，音亦为 zhǎ；“碴”字音和义与《现代汉语词典》类似。

根据上述，“道碴”改作“道砟”是一种规范语言文字的措施，是正确的举措。

除了“道砟”之外，相应的还有“石砟”、“（隧道）出砟”、“（桥梁）挡砟墙”、“挡砟板”、“（道床）砟肩“（养路）扒砟作业”等铁路专业词汇也用到“砟”字。

当前，为了适应高速铁路建设，无砟轨道技术方兴未艾。无砟轨道是用混凝土道床板或沥青道床板，隔离层、水硬性材料层等代替道砟的一种轨道结构。当然，这里的“砟”字，也不再用“碴”。

正确区分使用“叠”和“迭”，“覆”和“复”，“锥”和“椎”

在工程专业当中，“叠”字和“迭”字是时而出现的。应该说，这两个字虽然发音相同（都是 dié），但它们是不同的两个字。实际上，在具体应用时常会发生混淆。

在 1964 年之前，“叠”和“迭”是“各司其职”的，然而那年公布的《简化字总表》却把“叠”字作为“迭”字的繁体字处理，将其并入“迭”字。后来，在 1986 年重新发表的《简化字总表》确认“叠”为规范字，不再作为“迭”的繁体字。这样一来，不了解这件事的人在使用这两个字时，便会产生某种程度的困惑。

比如，我们有时见到把“荷载的叠加”、“力的叠加”、“（结构动力学的）振型叠加法”中的“叠”误作“迭”；有时还把“迭代法”误作“叠代法”。

地质学专业术语有“三叠系”、“二叠系”等，其中的“叠”也不作“迭”。

“叠”和“迭”虽然同音，但义项有所不同。“叠”字的意思是“重复”、“一层加上一层”，我们提到“力的叠加”时就是用这个义项，不能用“迭”字；“迭”字的意思是“轮流”、“替换”，就是撤去一层再加下一层，“迭代法”就是用的这个义项。“迭”字还组成“更迭”、“高潮迭起”等等词语。

所以说，“叠”字和“迭”字是不能互代的。

与上述相同，“覆”字也是 1964 年公布的《简化字总表》将其并入“复”字，1986 年重新发表的《简化字总表》重新恢复为规范字的。所以，“覆盖”、“覆盖层”、“覆土”、“上覆的地层”等等工程用的词语当中的“覆”字，不得用“复”。

上述公式推导及分析将土层看作是弹性体，事实上地震时的土层是非线性的，随着应变幅值的变化，其刚度和阻尼都发生变化。在振型迭加法中通常用线性化的方法来近似考虑土的非线性影响。其基本思路是对一个输入运动先将土层看作为弹性体，规定初始应变和阻尼比，然后分析计算，并求出每个质点的平均剪应变，由此求出等效土壤剪切模量和阻尼比。若发现某一质点前后两

线性反应时，对于已知的统计特征量的一群输入波一个个地单独求其反应，然后再对这一些反应值进行统计研究来确定反应特性，这是一种行之有效的方法。目前，还很少有统计特性等同的地震动记录，因此，可通过人工合成得到模拟的地震动记录。地震动的人工合成就是按一定的计算程序人为建立与实际性质相似的时间过程。在众多人工模拟加速度记录的研究中，较为常用的是三角级数迭加法，是 Scalar 等人于 1974 年提出的，其基本思想是用一组三角级数之和构成一个近似的平稳高斯过程，然后乘以强度包络线

(t)。应该指出这个时间函数已经是土层和基岩相互作用的结果，亦即它是由自由基岩面(即剥去 1 到 N_s 个土层以后的基岩露头)上的加速度时间函数以及对基岩运动的反馈影响迭加的结果。由此看来应该把自由基岩面上的加速度时间函数 $\ddot{X}_0(t)$ 作为输入波，基岩和土层分界面上的加速度时间函数 $\ddot{X}_0(t)$ 则属于土层地

“叠加”误作“迭加”的实例

场地分类的基本原则是确定场地分类标准的关键。文献[22]经研究后提出并被新编抗震规范[18]接受的原则是以土层的动力放大作用和滤波特征为主，并兼顾实用要求。在宏观震害和理论分析及各国规范规定标准等三方面研究对比的基础上，认为按土层地震效应评定场地类别时采用复盖层厚度和平均剪切波速相对而

场地土类别	场地复盖厚度 d_v(m)				
	0	$0<d_v\leqslant 3$	$3<d_v\leqslant 9$	$9<d_v\leqslant 80$	$d_v>80$
坚硬场地土	I_1	—	—	—	—
中硬场地土	—	I_2		II_1	
中软场地土	—	I_3	II_2		III_1
软弱场地土	—	I_4	II_3	III_2	IV_1

覆盖层厚度，平均剪切波速 v_{sm} 及地基土平均承载力 $\overline{R}$ 隶属于每一种情况的系数见表 2—3—15。

“覆盖”误作“复盖”的实例

此外，“锥”字并未和“椎”字合并过，但在实际应用中常常把两个字混淆。“锥”字在工程术语中常用的组词有“冰锥”、“锥体”、“锥体护坡”、“棱锥”、“圆锥”等等，这个“锥”字都不可以用“椎”。其中，“冰锥”误作“冰椎”在科技著作中比较常见。

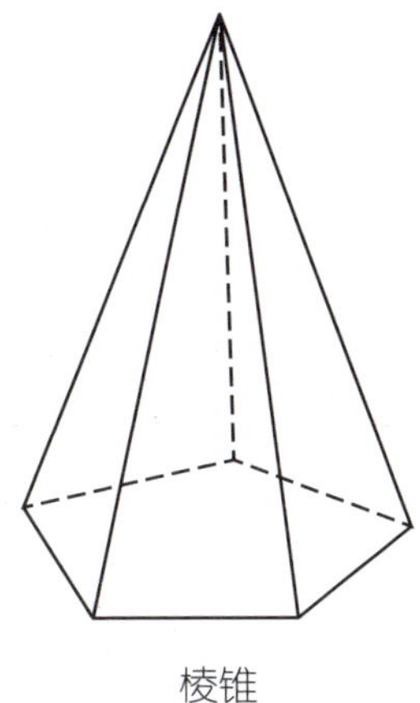

棱锥

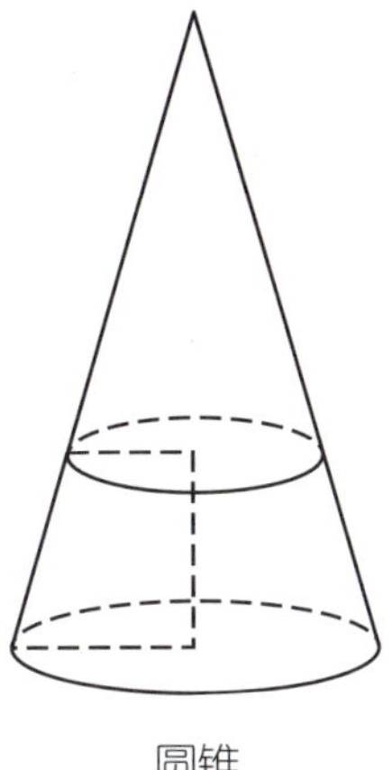

圆锥

在桥梁工程中有“锥体护坡”一词，其中的“锥体”也不能作“椎体”。

桥梁锥体护坡因形似四分之一圆锥而得名

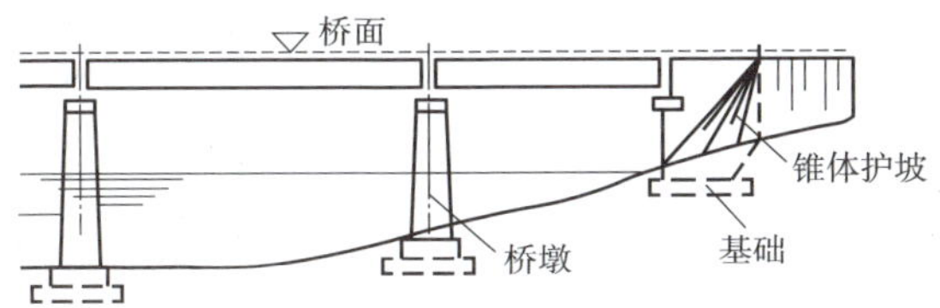

桥梁锥体护坡的位置

“冰锥”是在寒冷季节流出封冻地表和冰面的地下水或河水冻结后形成丘状隆起的冰体。对于铁道工程来说，冰锥是一种冻害。“冰锥”由于其形状近似圆锥而得名。

“椎”字一般仅在医学术语中组成“脊椎骨”、“椎间盘”等词汇时使用。

严寒地带的冰锥

关于"傅里叶"和"傅立叶"

"傅里叶变换"是科学技术著作中重要且应用很广的一个数学积分变换。这一变换来自法国数学家、物理学家傅里叶(Jean Baptiste Joseph Fourier,1768～1830),他在数学、物理学等领域,成就斐然,以他姓氏命名的还有傅里叶分析、傅里叶积分、傅里叶光学等。

那么,是不是可以把傅里叶写作"傅立叶"或是"傅利叶"、"富里叶"呢,反正是译音,应该是怎样译都行吧?非也,在此处恰恰不可。因为,与傅里叶(Fourier)同时代还有一位法国人也姓 Fourier,他是社会理论家、哲学家、经济学家。曾记得,我们在学习世界史的时候,法国有一位空想社会主义者就是此公。《中国大百科全书》和《不列颠百科全书》把他译为"傅立叶",以便和数学家、物理学家 Fourier 加以区分。傅立叶名字的全称为 Charlles Fourier(1772～1830)。

法国数学家、物理学家傅里叶

法国社会学家傅立叶

至于"傅利叶"和"富里叶"之说,在有关工具书中,查无此人。

综上所述,我们在自然科学领域提到 Fourier,多为傅里叶,而非傅立叶。

“鱼尾板”已经改称“接头夹板”

在轨道上，钢轨是定长的，这个长度常见的有12.5米和25米两种。钢轨间藉助夹板和螺栓进行连接。夹板以前叫做“鱼尾板”，大约自20世纪90年代之后就改称“接头夹板”，简称“夹板”。夹板的侧面制成那种形状除了与钢轨密贴外，也是为了使用同等数量的材料获得较大的惯性矩，以期有更大的强度和刚度。这和钢轨断面制成工字形是一个道理。一般夹板有6个螺栓孔，其中3个是圆孔，另外3个是长圆孔，两种孔是间隔配置的。这样做的目的是为了现场连接钢轨时上螺栓方便，因为，钢轨的孔距和夹板的孔距在施工时总会存在一些小的误差，长圆孔在水平方向的8毫米就是消除这些误差，使得6个螺栓孔都能上齐螺栓。

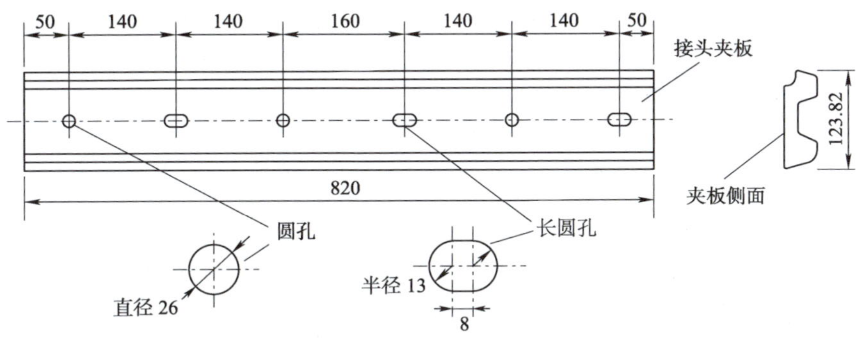

60千克/米钢轨的接头夹板

钢轨接头处是轨道结构的薄弱环节之一。此处列车车轮与钢轨间动力作用大，不仅养护维修工作量大，也极容易出现病害。同时，列车车轮对于钢轨接缝的巨大冲击力会造成列车的振动和钢轨的爬行，不仅会缩短各种设备的寿命，也给车上的旅客以不舒适感，又会制造噪声污染，同时也增加线路维修工作量。正因为此，我国的高速铁路和主要干线都铺设无缝线路，钢轨没有接缝不使用接头夹板，上述的弊病自然也就消除了。

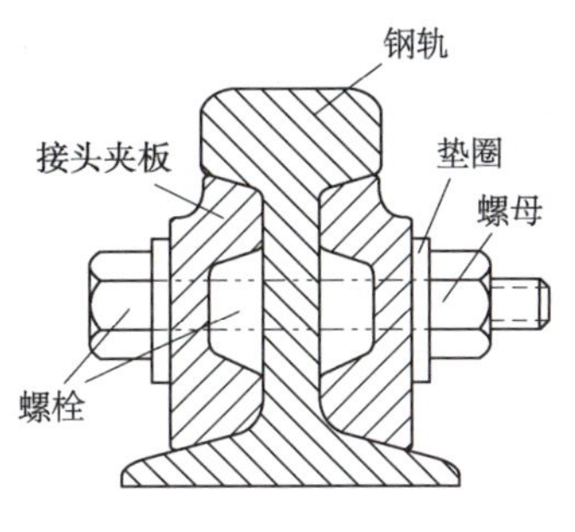

钢轨与接头夹板组装图

在许多次要线路或专用线上，铺设的还是普通线路，接头夹板还在大量使用。

“标高”已经统一称为“高程”

在铁道工程中，离不开高程测量。高程测量的任务是求某一点到基准面的垂

直距离。世界各国均有各自的高程起算基准面。但在 1949 年以前，我国全国有十几个高程起算基准面，造成测量成果互不衔接。

为了建立一个全国统一的高程系统，必须确定一个统一的高程基准面。新中国成立后，我国采用青岛测潮站 1950～1956 年观测结果求得的黄海平均海水面作为高程基准面，设立中华人民共和国水准零点。国家测绘局发布的说明指出，“黄海海平面是中国高程系统的唯一基准面”。

对某一点高程测量，就是测量该点与水准零点的高度差，称为该点的高程，也就是海拔高度。这个点如果高于水准零点，高程值是正数，反之则是负数。

在我国广袤的大地和辽阔的领海的任何一处，其海拔高度，亦即其高程，都是与这个水准零点的高度差。比如，珠穆朗玛峰的高峰顶程是 8844.43 米，就是珠穆朗玛峰的峰顶高出水准零点 8844.43 米。

中华人民共和国水准零点

水准零点说明碑

测量珠穆朗玛峰的高程，当然不会从青岛海滨一步步测到喜马拉雅山，因为在我国广阔的大地和海岛上，遍布着许多国家水准点，这都是国家测绘局组织大地测量工作者从水准零点进行精密水准测量而得来的，精确度很高。测量工作者只需从附近的国家水准点把高程引过来就可以了。

同样，在新建铁路需要高程测量时，勘测单位的有关人员由附近的国家水准点将高程引来既可。

以往，“高程”也可以称作“标高”，笔者在 20 世纪 50 年代学测量学课程时，两个词汇可以并行使用，教科书上既有“高程”，也有“标高”。可是如今，所有的有关测量的规范都把它们统一为“高程”，找不到“标高”这个词了。所以，我们今后要把海拔高度称为“高程”。

“噪声”与“噪音”不是一回事

在工程技术专业“噪声”和“噪声污染”是时而使用的术语，但在一些报刊中常常写作“噪音”和“噪音污染”。这是不合适的。

其实，从专业角度来看，“噪声”和“噪音”是有区别的。“噪声”是科学技术术语，而“噪音”是音乐专业的术语，与“噪音”相对应的叫做“乐音”。在《中国大百科全书》(第2版，中国大百科全书出版社，2009)的26卷中“音乐声学”条目下有“乐音和噪音是音乐声的两大组成部分”的释文。也就是说，(乐器等)有规则振动产生的是乐音；无规则振动产生的声音是噪音。

因此，在科学技术著作，以及日常生活中所说的“路基旁设立的防噪墙可以消除噪声污染”、“施工工地发出巨大噪声”等等，其中的“噪声”都不应作“噪音”。

混凝土的强度不再称为“标号”

在多年以前，混凝土的强度确实称为“标号”《铁路混凝土及砌石工程施工规范》(TBJ 210—86)和《铁路桥涵设计规范》(TBJ 2—85)都规定混凝土的标号通常采用150、200、250、300、350、400、450、500、550、600。但这两种规范分别于1997年与2000年废止。

自那之后，衡量混凝土的强度不再称为“标号”，而叫做“强度等级”。

《铁路混凝土强度检验评定标准》(TB 10425—94)与国家标准《混凝土强度检验评定标准》(GBJ 107—87)和国际标准《混凝土——按强度的分级标准》(ISO 3893)是一致的，就是规定混凝土的强度等级通常采用C15、C20、C25、C30、C35、C40、C45、C50、C55、C60。强度等级为C60及其以上的混凝土属高强混凝土。

在有关规范中还列出混凝土标号换算为强度等级的方法。

与混凝土类似，衡量水泥砂浆的强度也不再称为“标号”，也叫做“强度等级”。

以前，铁路工程常用水泥砂浆标号为50、75、100、150、200。而现行的《铁路混凝土与砌体工程施工及验收规范》(TB 10210—97)规定，铁路工程常用水泥砂浆强度等级为M5、M7.5、M10、M15、M20。

还有，衡量混凝土抗渗性能的指标称为“抗渗等级”，不再叫做“抗渗标号”。

以上衡量混凝土和水泥砂浆的性能的专业术语的改变，是与国际标准靠拢的措施之一。

内容和遣词造句要符合科学规律

图书或者报刊的内容应该符合基本的科学规律，想来不会有人持异议，可是笔者发现这一原则经常在有意无意间被忽视。现举两个实例加以说明。

在某一本书籍中出现 $\cos\omega\tau\to\infty$，这个表现形式中，cos 是三角函数中余弦函数的符号，$\omega\tau$ 是一个物理量，→是趋近，∞是无穷大的符号。然而，某一物理量的余弦函数能够趋近无穷大吗？学过初等数学的读者都知道，答案是否定的。

取复数 r＋iot，还可能反映出两事物相关的质的变化。因为 $\cos\omega\tau\to\infty$，如人和机器的结合，就会生产出巨大的财富。

2）两事物或系统的随机相关，其相关因子用公式（6）表示：

$$R=\frac{\sigma xy}{\sqrt{\sigma xx}\sqrt{\sigma yy}} \quad (6)$$

式中 x、y 表示两随机变量，σxx 与 σyy 为单随机变量 x 和 y 的方差，σxy 为二随机变量的协方差。

如在管理过程中遇到某个问题，决定中，采取某种措施就要观察该措施的作用，措施与不同要素作用时情况不同，可从通过协方差关系式，提出措施与管理效果的相关关系。

某图书的一段文字扫描图

众所周知，余弦的定义域是[－1，＋1]，也就是说，无论 $\omega\tau$ 为何值，$\cos\omega\tau$ 的值只能在－1 和＋1 之间，绝不会趋近无穷大。

正因如此，该书这段叙述的前提不成立，所以其结论“生产出巨大的财富”也就无从谈起，作者纯粹在误导读者。

在书报刊和日常当中经常见到“失去重心”的说法，而且书面上和口语上出现率比较高。

拔不足 1400 米的地段执勤，又要到位于雪线之上、海拔 5900 多米的山口巡逻，有的地段荆棘丛生，陡坡达 70 多度，稍有不慎，就会掉入万丈深渊。每一次巡逻，都是在同死神和魔鬼交手。一次，我带队巡逻，翻越一个冰滩时，突然一阵雪风，吹得战士王雷失去重心，一脚踩空，顺着冰滩直往下滑。王雷急中生智，拔出匕首狠劲往冰面上插，在悬崖

松糕鞋又称死亡之鞋，我曾试穿过松糕鞋，完全没有脚踏实地的感觉，一不小心就会失去重心。松糕鞋有些类似清朝妇女穿的那种花盆鞋，想来穿起走路一定十分辛苦，仪态又要雍容大方，实在难为人，令观者同情。

能地一侧身，左手一搭，用力地按住那只手，然后顺势一甩肩，右肘上挑下压，死死地抵住对方的胳膊。

但对方却丝毫没有慌张，在几乎失去重心的情况下，还伸腿来绊住我的脚，然后企图向后推倒我。

报纸上“失去重心”说法的 3 个实例

重心能够失去吗？凡是科技工作者都知道，所谓“重心”是物体上客观存在的一个点，物体在重心在，不可能失去。实例中的“失去重心”改为“失去平衡”就可以了。

澳大利亚不是“澳洲”

在阅读报刊图书时，时而可以见到“澳洲”的说法，可是一看上下文，经常说的不是“洲”而是指的是一个国家——澳大利亚。这里可能有两方面的误解，其一，在世界地图上南太平洋就这么一片大陆（地理学专业术语称为岛状大陆），误认为是一个“洲”，就叫做“澳洲”；其二，知道是一个洲，因为澳大利亚是其所在洲的最大国家，所以简称“澳洲”。实例的标题有“澳洲”，但一看下文却是指的澳大利亚这个国家。

历时十年 中澳自贸协定今日正式签署

85.4%澳洲进口商品零关税

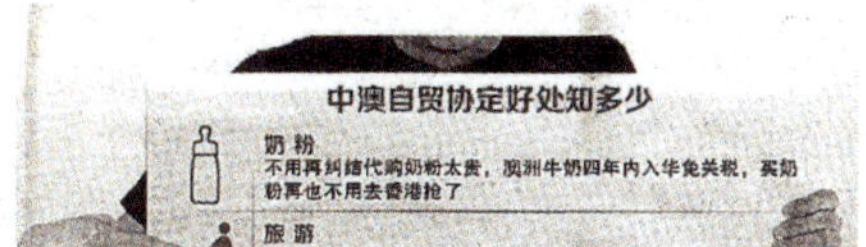

中国商务部部长高虎城与澳大利亚贸易与投资部部长安德鲁·罗布17日在澳大利亚堪培拉分别代表两国政府正式签署《中华人民共和国政府和澳大利亚政府自由贸易协定》。澳大利亚总理阿博特出席签字仪式。

中澳自贸协定好处知多少

奶粉

不用再纠结代购奶粉太贵，澳洲牛奶四年内入华免关税，买奶粉再也不用去香港抢了

旅游

产品	当前关税	自贸
乳制品	不明	零关税
婴儿配方奶粉	15%	零关税
牛肉	12%到25%	零关税
羊肉	23%	零关税
大麦	3%	零关税

将“澳大利亚”叫做“澳洲”的实例

其实，澳大利亚所在的洲规范名称是“大洋洲”而非“澳洲”。大洋洲面积最大的国家是澳大利亚，此外还有新西兰、巴布亚新几内亚、所罗门群岛、斐济、基里巴斯、瓦努阿图、瑙鲁、西萨摩亚、汤加、图瓦卢等 10 个国家，另外还有密克罗尼西亚（美托管）、北马里亚纳联合邦（美托管）、帕劳（美托管）、马绍尔群岛（美托管）、关岛（美）、新喀里多尼亚（法）、瓦里斯群岛和富图纳群岛（法）、美属萨摩亚（美）、托克劳群岛（新）、纽埃（新）、库克群岛（新）、法属波利尼西亚（法）、皮特凯恩群岛（英）等 13 个地区。（摘自《中国大百科全书·世界地理》）。

位于共计 24 个国家和地区的洲被称作“澳洲”显然是不妥的，在正式出版物中均应该叫做“大洋洲”。

符号、数字误用的实例

关于地震烈度的表示方式，有时会出现不同的方式，有罗马数字、汉字数字、阿拉伯数字，更有甚者有时会居然出现 6°，7°，8°的表达方式，到底依哪个，莫衷一是。

在有关规范里使用罗马数字表示地震烈度，如“Ⅶ度”“Ⅷ度”。一般情况，为简便起见在科技著作中使用阿拉伯数字，如“7 度”、“8 度”（实例中蓝笔勾画者）也是可以的，而 6°，7°，8°的表达方式则是错误的。

层	6°			7°		
	$\xi_R(i)$	最弱墙段 ξ_{Rj}	破坏状态	$\xi_R(i)$	最弱墙段 ξ_{Rj}	破坏状态
4	2.65	2.61	基本完好	1.33	1.31	基本完好
5	2.74	2.70	基本完好	1.37	1.35	基本完好
6	2.58	2.43	基本完好	1.29	1.22	基本完好
7	2.80	2.56	基本完好	1.40	1.28	基本完好

8 度和 7 度区“大震”作用下的破坏状态 表 3—2—12

层	8°			7 度区“大震”		
	$\xi_R(i)$	最弱墙段 ξ_{Rj}	破坏状态	$\xi_R(i)$	最弱墙段 ξ_{Rj}	破坏状态
1	0.65	0.61	中等破坏	0.58	0.55	中等破坏
2	0.64	0.58	中等破坏	0.57	0.52	中等破坏
3	0.61	0.60	中等破坏	0.55	0.54	严重破坏
4	0.66	0.65	中等破坏	0.59	0.58	中等破坏
5	0.68	0.67	中等破坏	0.61	0.60	中等破坏
6	0.65	0.61	中等破坏	0.59	0.55	中等破坏
7	0.70	0.64	中等破坏	0.63	0.58	中等破坏

地震烈度的不同表示方式

符号“°”在表示角度和纬度时使用，而在表示摄氏度时用“℃”，不得分开。

数值的增加、扩大常用倍数表示，也可以用分数、百分数表示。但是，数值的减少却只能用分数或百分数表示，不得用倍数表示。实例中“作业时间减少一倍”是错误的。理由很简单，假如作业时间是 80 小时，减少一倍后是多少？无法计算。

5.1.11 为法国 MANITOU 钢拱架安装机。国内也已研制出 JOCO 系列拱架安装机，主要功能针对型钢钢拱架、格栅拱架安装，同时也能实现挂网、隧道内电线、通风架设等辅助功能。拱架安装机的使用，使立拱作业人员由 15 人降至 3 人，作业时间减少一倍，大大降低了工人劳动强度，工作效率大幅提高。该钢架安装机采用普通履带底盘，带有方便快捷的空中作

数值减少误用倍数的实例（摘自图书校样，正式出版时已改正）

在写作时我们提倡使用书面语，尽量少用方言和口语。比如“百分百”就是来自地域性的口语。表示百分数或分数还是应该按照数学课的规矩写全。用“百分

百”代替“百分之百”是有害无益之举。

畅轻身心百分百　规律吃饭胃不闹

用“百分百”的实例

今天的工程专业术语（包括符号）与以往不同的还有很多，比如铁路线路路肩上的“百米标”，以往叫做“百尺标”；（土壤、砂石的）“含水率”以往叫做“含水量”；工务部门的“台账”有时误作“台帐”，如此等等，不胜枚举，以上举的实例不过较为常见而已。想来，铁路的其他专业也会有类似的现象存在。

小议正确准确应用成语

成语是长期形成的、简洁精辟而又有特定含义的定型词组或短句。其特定含义有的从字面就可以理解，而多数必须知道其来源或蕴含的典故才能懂得真正的意思。在语言文字表达中恰当运用成语可以达到精炼生动的效果。汉语历史悠久，成语十分丰富，仅《中国成语大词典》（上海辞书出版社，1987）就收录成语18000多条，可见成语应用之广泛。

当今各种学科发展迅猛，学科间的相互交叉也日益增多，成语因其简洁精辟又朗朗上口，大家都喜欢使用。用的多了，各式各样的问题也出现了，有的片面地望文生义，没有理解成语的特定含义就使用；有的意思对了但使用场合不对；有的意思场合都对但朗读出来发音不对；更有的自造成语。

比如，成语“差强人意”的正确意思是大体上还能令人满意或尚可。“差”是个多音多义字，这里发音是 chā（同插）而非 chà（同岔），不能理解成不好，“强”是使人振奋的意思，“差强人意”就是“基本满意”的意思。

首次进京
会试差强人意

1834年冬天，为准备第二年春天的会试，24岁的曾国藩首次进京并入住长沙郡馆（今前门东大街以南、珠市口东大街以北的草厂胡同一带）——这个地方，和曾国藩颇有缘分，后来任京官时，从1841年起，他就长期管理长沙郡馆；穷困的京官生活，也因此处房租的贴补才多次免去断炊之虞。

1835年的会试，曾国藩名落孙山。由于第二年即有恩科会试，为免路途往返在时间、精力和金钱的浪费，曾国藩便留在京城苦读。没想到，他再度落榜。此时，曾国藩离家已将近一年半，所带盘缠已经用尽，途经安徽，不得不向在睢宁做知县的老乡易作梅借银百两。

1838年又有新一轮会试。但此时，曾国藩家连这趟盘费都拿不出来。最后，向族人亲戚借了32缗（大

误用“差强人意”的实例

实例说的是曾国藩进京会试名落孙山(落榜,没考上),可标题却是"首次进京会试差强人意",这就把意思完全弄反了。

又比如,成语"不以为然"的正确意思是不认为是对的,表示不同意。实例中哪里有这个意思呢。实际上写作者的原意是没有当回事,没有放在心上,是把成语"不以为意"误作"不以为然"来使用了。

实际应用时经常会把"不以为意"和"不以为然"相混淆,我们在写作的时候,应该先考虑准备表达哪种意思再确定用哪一个。

2008年3月5日,作为领队,中旅假期旅行社的艾力·王(因怕父母担心,故他隐去自己的中文名)带领10名澳大利亚客人到西安著名的景区钟鼓楼广场游玩。游览结束后,一名身穿深蓝色西装,高约1.75米,年龄约在三十七八岁,戴眼镜的男子和大家一同返回旅游大巴。车上的人刚开始还以为他是司机的朋友,所以不以为然。直到那名不速之客解开衣扣露出捆在身上的炸弹和手上的引爆器,全车人才知大事不好。

相关企业对"出局"不以为然

误用"不以为然"的两个实例

再比如,成语"屡试不爽"的正确意思是多次尝试都没有差错,而常常在理解上出现偏差,把这个成语理解反了,以为是多次尝试都不成功。问题出在对"爽"字的理解上。"爽"字是多义字,"屡试不爽"之"爽"是"违背、差失"的意思,并不是"身体不爽、感觉不爽"之"爽"(此处"爽"字是舒服、畅快的意思)。"爽约"就是失约,这是人人皆知,没有歧义的,"屡试不爽"的"爽"与"爽约"的"爽"意义是一样的。

最近发现,在一些作品中经常使用成语"电光石火"来形容速度极快或稍纵即逝,可是有的人会误用作"电光火石",原因也是没有明了其真正含义。"电光"是闪电的光,"石火"是击打燧石(俗称火石)发出的火星,二者都是快或瞬间消失的事物,用"电光火石"就不通了。

手毛脚,一点儿
欠我说他,他还
"我们这个年龄
,'稳当'这个词
门中老年人的。"
人。

昨天吃晚饭的时候,我喊他过来吃饭,他蹦蹦跳跳地来了。结果他刚一上桌,胳膊不留神就把我刚准备盛饭的碗蹭下了桌子。电光火石间,我本能地伸脚一接,竟然神奇般

地接住了。
都不一定有
我随
桌上。儿
"爸,没想
夫啊。
个……"还
把碗碰到了
我看
使劲瞪他
厨房拿筷
旁拽住我,
把我搞糊
捋。"我不解
捋的呢?"
说:"他先
住了。接着
下,你没接
底该先搂哪

把"电光石火"误作"电光火石"的实例

总而言之，应用成语需要慎重，将其实际含义弄清楚再用，切忌望文生义，想当然。

（图/文　安鸿逵　傅希刚）

参考文献

[1] 安鸿逵. 于细微处见功力[J]科技与出版，1994(22)：30.

[2] 陈浩元. 科技书刊标准化 18 讲[M]北京：北京师范大学出版社，1998.

[3] 安鸿逵. 重心怎能失去[N]北京晚报，1998-06-25(22).

[4] 安鸿逵. “粘土”应作“黏土”[J]科技与出版，1999(增刊)：29,34.

[5] 郭国庆. “潟湖”非“泻湖”及其随想[J]科技与出版，1999(增刊)：103.

[6] 安鸿逵. 又见“新泻”[J]咬文嚼字，2004(7)：17.

[7] 葛俊颖. 桥梁工程[M]. 北京：中国铁道出版社，2007.

[8] 安鸿逵. “不以为然”怎么用？[N]北京晚报，2010-09-09(37).

[9] 新闻出版总署科技发展司，等. 作者编辑常用标准及规范[S]. 北京：中国标准出版社出版社，2013.

第九部分　环岛高速铁路与高铁列车换乘体验记

（三亚高铁火车站）

2015 年 12 月 30 日 8 时许在海口火车站举行海南岛高速铁路西线开通仪式，10 时，一列载满旅客和铁路建设者代表的动车徐徐开出海口车站，沿着海南岛西岸加速向三亚方向驶去。由于海南岛高速铁路东线已于 2010 年建成运营，所以这就意味着海南岛环岛高铁正式开通运营。

这条铁路是全球首条环岛高速铁路，全长 653 公里，设计时速 200 公里，全线共设 25 座车站，环岛运行一周需时约 4 小时 10 分钟。

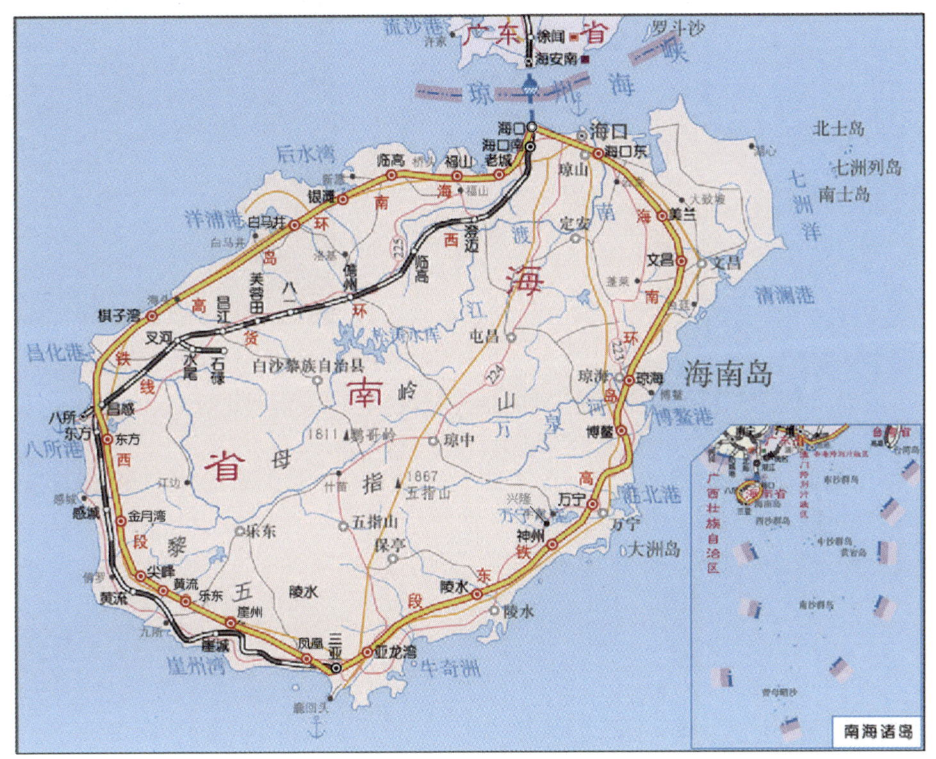

海南岛环岛高铁线路图

（黄色是环岛高铁线路，黑色是货运线路；王亮作图）

虽然环岛高铁设计时速为 200 公里，但笔者多次乘坐环岛高铁的动车（海南岛环岛高铁仅开行 D 字头列车）发现，当运行区间较长时动车时速常超过 248 公里。

海南省是我国海洋面积最大，陆地面积最小的省份，也是一个旅游大省。偏及全岛的美景美食，以及大量人文景观常令中外游客目不暇接，流连忘返。环岛高铁的开通无疑会使海南省旅游产业的档次得到显著的提升。比如，高铁与美兰机场、凤凰机场实现无缝对接，旅客下飞机后，无须走出户外，坐滚梯便可直达高铁车站。旅客乘坐高铁游遍海南全岛已成现实。

环岛高铁车站布置示意图(红色是环岛高铁东线，蓝色是环岛高铁西线)

环岛高铁行驶的动车瞬时时速可达 248 公里以上

海南省管辖着面积超过 350 万平方公里的南海，海上有着不计其数的岛礁。南海潜在的极其丰富的旅游资源尚待开发。

笔者去海南岛前，在有限的时间内如何选择旅游目的地十分踌躇，因为，海口和三亚等地已经去过不止一次，景点已为大家熟知，其他地方不太熟悉。结果选择了不太出名的琼海，以这个城市为中心，利用 2015～2016 年的两个冬天做深度游。

从海口美兰机场下飞机后，旋即由美兰车站乘高铁动车，中间在文昌停站 1 分钟，一共仅需半个多小时，便到达琼海站。

琼海位于海南岛中东部，是一座清雅而且具有田园风韵的海滨小城，与冬天的北京相比，这里是那么的恬静温暖，加之空气清新湿润，是北方完全感觉不到的。当地的宣传口号是“田园城市，幸福琼海，风情小镇，美丽乡村”。琼海地处亚热带南端接近热带季风气候，全市绿树成荫，到处是鲜花、椰树和槟榔树，冬夏常青，四季都可享受椰风、海韵、阳光、沙滩。

琼海虽然没有海口与三亚那么高的知名度，但是旅游资源丰富，故此笔者利用有限的时间，参观游览琼海及其周边的一些主要景点。

琼海火车站

环岛高铁的无砟轨道

琼海市旅游图

旖旎万泉河

万泉河是海南省第三大河，两岸大多是典型的热带雨林地貌，因其风光绮丽，流水清澈，岸边稻花飘香，故此虽然排名第三却成为海南首条可利用开发旅游的河流资源(海南省第一和第二大河分别是南渡江和昌化江，前者的优势是入海口位于省会海口市附近；后者的优势是支流众多且大部分流淌在热带雨林中，二者整体开发程度的提升只是时间问题)。

琼海市区的万泉河公园

万泉河上游分南北两支，分别发源于五指山南麓和黎母山南麓，全长 170 公里，穿越琼海市全境 81 公里而注入南海，是琼海人心中的母亲河。万泉河下游水流平缓，在海南岛东部冲积出肥沃的平原，使这里成为岛内最大的粮仓。

清澈的万泉河水

游客可以在河岸上徜徉，欣赏景色，也可以泛舟漂流。

风情博鳌湾

博鳌小镇地处南海之滨，万泉河、龙滚河、九曲江在博鳌湾汇流入海。

众所周知，博鳌是著名的亚洲论坛所在地，是游客必去的景点。此外，博鳌自然风光优美，自然环境保护完整，婆娑的椰林、金色的沙滩、洁净的白云、各具神韵的江河湖海泉令人陶醉。

亚洲论坛会址

博鳌文化苑也是游客的必到之地，苑中建有博鳌禅寺，以及莲花展馆，馆中荟萃了丰富的名贵的荷花品种。

博鳌禅寺

在博鳌文化苑后面可以乘坐游船前往玉带滩游览。玉带滩全长 8.5 公里，是一条分隔万泉河与南海的半岛式的沙洲，虽主要由黄沙构成，但在海上看来，在阳光下呈现白色，故名为玉带滩。

秀美的玉带滩位于万泉河与南中国海之间，宛如一条玉带飘落水中。河岸边，椰树摇曳，河里游艇穿梭；海岸边，乱石激浪，飞霞溅玉，蔚为壮观。玉带滩的河海奇观中外驰名，因其为世界上最狭窄的分隔河和海的沙滩半岛而被载入吉尼斯世界大全。

岸边看秀美玉带滩

玉带滩上望博鳌镇

玉带滩上能看见博鳌禅寺和游船

站在玉带滩的沙滩上，遥望博鳌镇，令人心旷神怡。在游览完玉带滩下船后，笔者还顺带参观了博鳌亚洲论坛成立会址。

博鳌湾是三江汇流的海湾，环境优美，景点很多，笔者匆匆两天行程只能是走马观花。

2016 年，博鳌机场已经建成通航，各地游客往来博鳌非常方便。

休闲北仍村

北仍村位于琼海市官塘温泉度假区，是琼海市近年打造的特色文明美丽乡村。

北仍村村□

进入北仍村，便谢绝机动车入内，游客可以漫步，也可乘坐村中常备的观光电瓶车到村里。这里有草寮咖啡厅、农家乐、庭院时光、北仍书屋、特色民居等等，吸引大批游客前往游览。

曾经有过多位中外政要的夫人与眷属在此观光游览，并在北仍客厅品尝香甜浓郁的海南咖啡。北仍村村民的热情好客与独特的景色给中外宾客留下美好的记忆。

著名的北仍客厅

据说，海南岛出产的咖啡豆的品质是一流的，而且北仍村草寮咖啡厅的咖啡是现磨现煮的。坐在椰树丛中草寮旁的座位上，端着热气腾腾的咖啡，看着匆匆而过的游客，你才知道什么叫闲适。

“草寮咖啡”一词源自 20 世纪 30 年代，那时咖啡豆便宜，当地人喝得起咖啡，却盖不起咖啡厅。于是就在树荫下搭起草棚（草寮），在里面啜饮着咖啡，说着家长里短，来消磨时间，因此“草寮咖啡”便成了喝咖啡的代名词。

琼海市乡村城镇化的理念是以不破坏环境为代价，“不砍树，不占田，不拆房，就地城镇化”的口号比比皆是。

由于管理完善，环境整洁，特色鲜明等原因，北仍村被授予“全国最美休闲乡村”称号，成为海南“美丽乡村”建设的精品和典型范例。

北仍村内的口号石碑

千年渔港潭门

潭门镇地处琼海市东部沿海，距市区 20 公里，南邻博鳌镇，西接嘉积镇。这里交通便捷，往市区和博鳌高铁站均有多条公交线路相通。潭门镇有潭门港、龙湾港两个港口。其中，潭门港为渔港，龙湾港为深水港。

潭门的渔民自古就在南海进行远洋捕捞，已经有超过千年的历史，他们已经把南海视作自己的祖宗海。

笔者在潭门镇的主要街道上徜徉，街道以一个十字路口分界，靠海的街道是海鲜市场和工艺品商店；另一面是鳞次栉比的餐厅。海鲜市场出售当天捕捞的海鱼和虾蟹，工艺品商店出售用砗磲、其他贝壳等加工的工艺品。潭门凭借丰富的贝类资源和悠久的加工工艺，成为国内最大的贝类工艺品生产交易中心，工艺品店铺已达数百家。

餐厅则以生猛海鲜、当地的新鲜蔬菜加工的菜肴与各种火锅提供给游客。品尝潭门海鲜已经成为游客的另一必选。

潭门的地标建筑——南海明珠

南海盛产各种海产品，其中不乏名贵的鱼虾。马鲛鱼和石斑鱼是常见的美味海鱼，据当地人说，这两种鱼经过冷冻之后味道和新鲜的无法相比。马鲛鱼是越大越好吃，新鲜的只需切片放少许油煎炸，无需任何佐料就味美无比。

高级将领周士第

周士第将军（1900～1979），广东乐会（即今海南琼海）人，是琼海籍的中国人民

解放军高级将领。

周士第1924年毕业于黄埔军校（黄埔一期），同年加入中国共产党，曾参加北伐战争和南昌起义、抗日战争、解放战争，1955年被授予上将军衔。

琼海市于1995年斥资建成“周士第将军纪念馆”，纪念馆坐落于琼海市嘉积镇不偏岭，占地33300平方米，展厅建筑面积650平方米。展厅按时间顺序，共展出600多件照片、文物、文献资料，反映出周士第在各个时期的历史功绩。展厅后部是琼海市博物馆。

周士第将军纪念馆正门

传奇娘子军

“红色娘子军”的故事大家都耳熟能详，这个故事是依据当年的事实改编的。“红色娘子军”的正式番号是“中国工农红军第二独立师第三团女子特务连”，组建于1931年，成员全是琼海投身革命的劳动妇女，她们曾为琼崖革命和海南岛的解放立下不朽功勋。

“红色娘子军纪念园”与周士第将军纪念馆毗邻，是到琼海的游客必去之地。

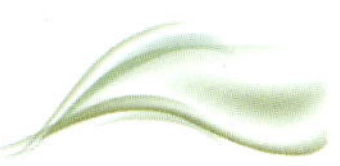

琼海闹市区的娘子军塑像

娘子军纪念园正门

南洋风情小镇中原

中原是琼海市的一个镇，镇里在建的南洋风情小镇已经初具规模。当地利用热带季风气候特点试图打造一个别有情趣的景点。游客能够在此见到不一样风格的建筑并品尝优质的海南咖啡。

南洋风情小镇钟楼

南洋风情小镇咖啡厅

白石岭景区和美岭湖湿地

白石岭风景区是海南省 20 个优秀旅游景区(点)之一,位于琼海市西南 12 公里处。

白石岭有八景,即石柱擎天、金钟驾驰、青狮眺目、翠屏拥月、崆峒筛风、苍牛喷雾、花岗蔚彩、碧沼储云。岭上有 1308 级登山石阶贴崖而上,拾阶而上沿途即可观赏八景。

1995 年建成的全长 780 米的白石岭索道是海南省第一条空中旅游索道。

细雨微风中的白石岭和美岭湖

美岭湖是白石岭附近的一座湖泊,最近处距白石岭景区入口仅数百米。美岭湖周边风景宜人,水质良好,空气清新,地下有温泉,是宜居之地。笔者下榻的美岭湖小区依湖而建,小区内图书馆、医院、游泳池、温泉泡池、健身房等一应俱全。

美岭湖一隅

在美岭湖小区远眺白石岭

美岭湖小区不仅设施齐全，而且绿化美化得极具人性化。小区内栽种各类树木，其中以热带树种居多，如香蕉、芭蕉、棕榈、樟树、木棉（攀枝花）、莲雾，等等。

游泳池和温泉泡池

介绍琼海这么多景点，依然有挂一漏万之感。当前，琼海市正在打造龙寿洋、博鳌滨海、万泉河三大国家农业基地公园，就是把农业基地当公园办，在“不占地、不占房、不砍树”的前提下，把农事生产与旅游产业巧妙地结合起来，可以想见，这里的旅游业会愈来愈兴旺。

随着海南岛环岛高铁的开通，环岛高铁旅游方兴未艾，越来越多的各地旅行者会趋之若鹜。旅游业也会对铁路建设提出新的更高的要求。也许，不久的将来海南岛出现一条直径方向的高速铁路也未可知。

华侨小镇兴隆

兴隆镇属于万宁市，由琼海美岭湖小区乘汽车不过一个小时车程便可到达。

兴隆位于海南岛东南部万宁市境内美丽的太阳河畔，属热带海洋季风性气候。这里群山环抱，雨量充沛，热带作物葱茏，环境幽美，景色怡人，自然条件优越。

兴隆镇原名为海南兴隆华侨农场，创建于 1951 年，2007 年更名为海南兴隆华侨旅游经济区，这里传统的经济作物是咖啡和橡胶。兴隆咖啡行销国内外，热带水果，诸如可可、神秘果、椰子、菠萝、菠萝蜜、荔枝、番石榴、榴莲、莲雾、火龙果、红毛丹等数不胜数。

兴隆热带植物园是国家 AAAA 级旅游区，始建于 1957 年，是海南最早对外开放参观的热带植物园。占地 600 亩，植物品种 1200 多个。汇集有咖啡、胡椒、香草兰、可可等热带经济作物和榴莲、山竹等名优稀特果树，尤其珍贵的是俗称“见血封喉”的箭毒木，1997 年笔者到此时，此树不过拇指粗细，如今已经长成 10 米高的大树。

“见血封喉”并不是仅存在于传说中，箭毒木是实际存在的一种剧毒的药用植物。

游客在箭毒木（见血封喉）前拍照

游客在热带植物园入口拍照留念

箭毒木的乳白色汁液含有剧毒，一经接触人畜伤口，即可使中毒者心脏麻痹，血液凝固，导致窒息死亡，故此人们称之为见血封喉。

与兴隆热带植物园毗邻是海南省南药现代科技产业基地，也是中国医学科学院药用植物研究所海南分所（简称“南药园”）。身为第一任所长的陈伟平教授（1935—2014），扎根海南，终生从事南药的引种栽培研究，被誉为“南药引种大王”，获中国医学科学院药用植物研究所“终身成就奖”。园内有陈伟平教授的塑像。

南药园正门

陈伟平教授雕像

兴隆橡胶博物馆

兴隆橡胶博物馆内对于橡胶的种植、取胶、加工等等工序加以详尽介绍，使参观者对橡胶树及其产品有全面的了解。

海口的两处人文景观

海口市是海南省的省会，省会城市的主要部分已经不在再老城区，而紧挨在高铁海口东站旁边。尽管海口东的高铁动车发车车次多，但环岛高铁的东环线和西环线的始发站仍然是海口站。

黄昏时分的海口站

到海口游览的旅客一般都会在海口东站上下车。海口市旅游资源非常多，市区面积又很大，笔者停留时间有限，所以选取两个一般人容易忽略的景点。

高铁动车在海口东站待发

环岛高铁在海口市区以高架桥通过

其一，是海瑞遗迹，包括海瑞故居和海瑞墓。海瑞(1514～1587)是我国历史上著名的政治家和清官，他的事迹和传说已为大多数人所知。海瑞原籍琼山县滨涯村，属于今天的海口市琼山区。笔者瞻仰海瑞故居与海瑞墓时有两个不巧，一是在故居逆光拍摄，效果欠佳；二是海瑞墓关闭修缮，只拍到正门，抱憾而归。其二，是观澜湖电影城。

海瑞故居正门的南海青天牌坊(隐约可见海瑞雕像)

海瑞雕像

海瑞故居

海瑞墓正门

海口观澜湖电影城

观澜湖电影城的全称为“观澜湖华谊冯小刚电影公社”，坐落在海口市郊区，当初是为拍摄电影《1942》等所建造，现向广大游客售票开放。主要景点是“南洋街”、“1942 民国街”。当前，电影城为吸引更多游客正在大兴土木，建设更多的街景。

电影城正门

电影城南洋街街景

1942 街重庆街人满为患

乘坐高速铁路列车换乘快捷方便

据报道，至 2017 年 3 月，我国铁路营业总里程为 12.4 万公里，其中高速铁路 2.2 万公里，不仅其营业里程居世界首位，多项技术处于领先地位，而且安全可靠，这些正在获得国际上的普遍认可。

笔者虽然在铁路工作数十年，但由于多年脱离铁路建设实际，其实已经是局外人。作为一名普通乘客，对于高速铁路营业之后的一些后续服务和管理等的体会，与以往的普速铁路相比，令人有耳目一新的感觉。比如提起“换乘”，也就是俗话说的“倒车”，人们大都心怀畏惧。因为先要提着行李上下台阶随着人流出站，然后再排队检票进站，这一通折腾，年轻人尚且满头大汗，老年人更不用说，肯定筋疲力尽了。可是根据笔者的高铁换乘体会，上述现象是过去的事了。

上文提到，在海口美兰机场不出航站楼就可以直接换乘高铁，在三亚凤凰机场不仅换乘高铁方便，火车站门口就是公交站，去往三亚市各个景点都有公交车可乘。

高铁列车之间换乘也是如此。以郑州东高铁站为例，笔者购买的是北京南开往郑州东的 G65 次及郑州东开往开封的 G276 次的车票，这是 2016 年 10 月份的事。

结果回到家一查列车时刻表，发现 G65 次北京西 10:33 开车到郑州东是 12:

48，而G276次开车是13:20，这区区的32分钟倒车来得及吗？事已至此，只能走着瞧了。列车正点到达郑州东，在站台上就见到“便捷换乘等候区”，拖着行李登上电梯就到了候车大厅，32分钟不仅够用，而且还可以在候车厅小憩片刻，再换乘G276次，20分钟后便到达开封北站。

这次换乘使我感慨颇深，我国如今的高速铁路对于旅客的后续服务，可谓细致周到，与多年前的“铁老大”不可同日而语。而且，从开封原路返回北京西站时，在郑州东站只留20多分钟换乘时间丝毫不感到仓促。

到达站台的换乘等候区

宽敞的郑州东站候车大厅

仿古建筑的高铁开封北站

作为七朝古都的开封，其人文景观闻名遐迩，其实自然景观也有其独特之处。笔者到开封是10月下旬，正值秋高气爽菊花盛开的季节。刚一出站就见到开封北站的广场大片的菊花。每年的10月18日至11月18日是中国开封菊花节，在开

封的大街小巷遍布色彩绚丽的菊花，红黄紫白等色，把开封装点成一片花海。花的主要展点有龙亭、天波杨府、碑林、铁塔、大相国寺、包公祠、禹王台、万岁山等几处，所展出的菊花品种多达 100 余种。期间还将开展各种经贸活动，目的是使人们了解开封。

龙亭公园里各色菊花构成的长廊

用菊花装点的人物造型

在开封，日间可以在各个公园观景赏菊，看民俗表演，品尝美食；晚上夜游御河，却也别有情趣。御河全长 1.9 公里，每逢菊花节的秋夜，河上都开展集古典建筑、戏曲、宋词乐舞欣赏于一体的水上游项目。游客在具古色古香韵味的游船中，赏古都之夜景，于灯影浆声中聆听两岸亭台上悦耳之丝竹，使人感到如梦如幻。

清明上河园一角碧波与建筑物交相辉映

御河码头

通过笔者在北京南站、上海虹桥站、苏州站等高铁站的乘车体会，高铁列车之间及与其他交通设施的换乘都达到方便快捷，有的甚至可以称作“无缝对接”。这说明，我国的高速铁路不仅在技术先进性和数量上走在世界前列，而且在服务细节方面也是极具人性化的。

（图/文　安鸿逵）